Barbara Stieff

Hundertwasser
für Kinder

Träume ernten im Reich des Maler-Königs

Prestel Verlag

München · London · New York

532 DER LÖWE VON VENEDIG, 1962

Inhalt

Folge diesen Hinweisen!

kennst du Hundertwasser?

Friedensreich Hundertwasser war ein **Künstler**. Er hatte jede Menge Phantasie  und Einfälle: Manche davon sind zu **Bildern** geworden, einige zu **Bauwerken** und etliche hat er als **Botschaften**  an seine Mitmenschen niedergeschrieben oder ausgesprochen.

 In diesem Buch geht es um seine Bilder und die Häuser, die er entwarf, um die Ideen, die er entwickelte, und die Fragen, die er sich stellte, und es geht um **DICH**.

„... Bilder, Häuser, Ideen und Fragen, na gut und schön", denkst du dir jetzt vielleicht, „aber **ICH?** Um **MICH** soll es hier gehen?  Das kann doch gar nicht sein! Er kannte mich doch überhaupt nicht und ich kenne den Herrn Hundertwasser doch auch nicht. Wie kann es da sein, dass er sich über mich Gedanken gemacht hat?" Ja, das ist natürlich ganz richtig. Aber trotzdem hat dieses Buch sehr viel mit dir zu tun:

 Du kannst als Königskind bei 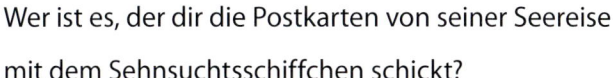 einem Fest Spiraltänze tanzen und das Leben feiern!

Wo steht das Schachtelhaus und wer wohnt darin? Ist dort die Schatzkiste vergraben?

Wer ist es, der dir die Postkarten von seiner Seereise  mit dem Sehnsuchtsschiffchen schickt?

Möchtest du diesen Geheimnissen auf die Spur kommen? Dann nimm dir doch einfach ein Buch lang Zeit! Du kannst es aufmachen und zuklappen, wann immer dir danach ist. Wie lange also „ein Buch lang" dauert, bestimmst du ganz alleine.

Wie alles begann...

Fritz Stowasser mit seiner Mutter, ...

Friedensreich Hundertwasser war – wie alle Menschen – ein Kind. Und davor wurde er natürlich geboren – logisch. Ob es damals ein Sonnentag oder ein Regentag war, weiß man nicht mehr, nur dass es am **15. Dezember 1928** und in **Wien**, der Hauptstadt von Österreich, geschah. Den Menschen in Österreich ging es zu dieser Zeit sehr schlecht und viele waren sehr arm.

... im Paddelboot ...

Auch seine Familie war nicht reich. Sein Vater starb früh und so lebte er mit seiner Mutter und den Tanten in einer kleinen Wohnung.

... und im Garten.

Als er elf Jahre alt war, brach in ganz Europa ein Krieg aus, der **Zweite Weltkrieg**. Das war eine schreckliche Zeit. Es gab wenig zu essen, überall wurde gekämpft und geschossen, Bomben fielen auf die Städte, ganze Stadtteile wurden zerstört und alle Menschen hatten Angst.

Als Fritz nach dem Ende des Krieges durch Wien spazierte, lief er an Häusern vorbei, die halb oder ganz zerbombt waren, die Gassen waren aufgerissen und überall gab es Krater, in denen sich das Regenwasser sammelte. In diesen Pfützen begann **neues Leben**. Wenn man genau hinsah, konnte man Insektenlarven und Kaulquappen entdecken. Aus den Rissen im Asphalt begann bald Gras zu wachsen und zwischen den Steinhaufen der Häuserreste konnte man Pflanzen sprießen sehen. Es waren die zarten Triebe von Büschen und Bäumen.

Das hat Fritz damals sehr beeindruckt, denn wie alle Menschen hatte er den Frieden so sehr herbeigesehnt und diese kleinen Tiere und jungen Pflanzen waren für ihn ein **Zeichen**: Der Krieg war zu Ende, jetzt wurde nicht mehr zerstört, sondern aufgebaut.

So hat Friedensreich Hundertwasser ausgesehen, als er ungefähr 6 Jahre alt war.

Damals hieß er übrigens noch gar nicht Friedensreich Hundertwasser. Diesen Namen hat er sich erst viel später selbst ausgesucht. Sein Geburtsname war **Friedrich Stowasser**, von der Familie wurde er **Fritz** gerufen.

Die Liebe zur Natur

hat ihn sein ganzes Leben lang nicht verlassen. Er wollte die Natur schützen und ehren, wollte verstehen, wie das Werden und Vergehen vor sich geht. Davon hat er gemalt und gezeichnet, davon haben seine Reden gehandelt und im Einklang mit der Natur wollte er leben und Häuser bauen.

Der Wunsch, die Schönheiten der Natur und des Lebens zu entdecken und zu bewahren, war schon in seiner Kindheit sehr stark. Auf Wanderungen im Wienerwald sammelte er Blumen, die er zwischen den Seiten dicker Bücher presste. Doch sie verloren dabei ihre herrlichen Farben. Da sagte er sich:

„Wenn ich das male, statt zu pressen, bleiben die Farben erhalten."

33 KLEINER BLUMENSTRAUSS AUS FRÜHLINGSBLUMEN, 1944

Noch während des Krieges, als Jugendlicher, malte Fritz Stowasser dieses idyllische Bild vom Donaukanal in Wien. Es zeigt aber nicht die Zerstörung durch den Krieg, sondern die Schönheit eines Sommertages in Wien.

11 DONAUKANAL MIT ÜBERFUHR GEGEN FRIEDENSBRÜCKE, 1945

Ein weiterer Anstoß zu malen war seine **Briefmarken-sammlung.** Diese klitzekleinen Bilder waren sein großer

Schatz. Immer und immer wieder hat er sie betrachtet.

Sie kamen aus fernen Ländern und waren so wunderbar anzu-

sehen. Da wollte Fritz Stowasser lernen, genauso schön zu

malen, wie die Künstler, die diese Marken entworfen hatten.

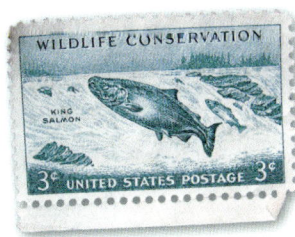

Hast du auch einen Schatz? Etwas, das dich insgeheim ganz

glücklich macht und das du gut behütest und versteckst?

Schau auf
Seite 89!

Beruf : Maler

Fritz Stowasser mit 20 Jahren

Fritz Stowasser hat sehr gerne **gemalt**, so gerne, dass er es zu seinem **Beruf** machen wollte. Seine Mutter fand die Idee anfangs gar nicht so toll, sie hätte lieber gehabt, wenn er etwas anderes gelernt hätte. Etwas „O r d e n t l i c h e s". So ist das mit Eltern öfters. Aber Fritz hatte eigene Vorstellungen und die hat er dann auch durchgesetzt. Als er zwanzig Jahre alt war, beschloss er die Aufnahmeprüfung an der **Akademie der bildenden Künste*** zu machen. Er hat die Prüfung bestanden und begonnen Malerei zu studieren.

* Eine Akademie ist eine Art Schule oder Universität

Das war ein ganz neuer Abschnitt in seinem Leben! Und weil er jetzt Künstler wurde, wollte er auch einen neuen Namen. Einen **Künstlernamen**. Er dachte an die Zeit, als der Krieg endlich vorbei war und Frieden ins Land zog und in den vielen Kraterpfützen neues Leben entstand. Außerdem bedeutet "Sto" (von Stowasser) in slawischer Sprache Hundert. So ist er auf die Idee gekommen, sich **Hundertwasser** zu nennen.

28 *SELBSTPORTRAIT, 1948*

Wenn du dir einen neuen Namen aussuchen könntest, wie würdest du dann gerne heißen? Vielleicht soll es ja kein **Künstlername** sein, sondern ein **Indianername** oder einfach ein **Spitzname**.

Was sind denn deine liebsten Dinge? Wenn du ihren Namen trägst, könnte jeder gleich hören, was du gerne magst. Vielleicht hieße dann jemand „Bratwurst Novotny" oder "Erika Freundlich Lachgesicht" oder „Sandra Wolkenkind" oder jemand, der sein Kaninchen liebt, „Schnupperlieb Weichfell Zackinger" oder „Zitterglupsch Pfötchen Grünhobel".

Das wär mal was, hmm?

Wie lautet dein Name? Erfinde einen für dich!

_____

_____

_____

_____

Friedensreich Hundertwasser ist übrigens nicht lange an der Akademie geblieben. Er hatte eben seinen eigenen Kopf! Schon nach wenigen Monaten machte er sich auf die Reise. Er wollte lieber die Welt sehen, das Leben verstehen und das, was er zum Malen brauchte, beim Malen lernen. Und so hat er sein Leben lang weiter gelernt, weil er ein Leben lang gemalt hat.

Der eigene Kopf

Du hast diesen Spruch ja schon einmal gehört: „Er hat seinen eigenen Kopf."

Was soll denn das eigentlich heißen?

Wessen Kopf könnte man denn sonst haben?

Stell dir das einmal vor!

Das kannst du aber auch gleich mal richtig ausprobieren: Hast du ein Foto von dir? Dann suche dir ein paar Zeitungen oder Magazine und schneide einige Köpfe aus. Die legst du dann über deinen Kopf auf dem Foto und siehst dir an, wie das aussieht.

Wie fühlt es sich denn an, wenn auf deinem Körper ein anderer Kopf sitzt? Oder sogar mehrere fremde Köpfe? Das sieht sicherlich lustig aus, aber bist das dann noch du? Könntest du das Bild einem Freund zeigen und würde er sofort erkennen, dass es sich um dich handelt? Gibt es irgendeinen anderen Kopf, der besser zu dir passt als dein eigener?

Friedensreich Hundertwasser hatte seinen eigenen Kopf. Er wollte gerne Maler sein und das ist er dann geworden, auch wenn seine Mutter fand, es wäre kein richtiger Beruf. Und er hat an seinem Traum festgehalten.

91　Selbstporträt kariert, 1950

An sich selbst zu glauben und eigene Ideen zu verwirklichen war ihm sehr wichtig. Er wollte das den Menschen mitteilen, sie einladen, es auch zu versuchen, aber die haben oft gar nicht zuhören wollen. So ist das mit manchen Leuten, wenn man ihnen etwas Neues oder Unerwartetes erzählt, sogar wenn es etwas Schönes ist.

Friedensreich Hundertwasser war ein Freigeist, ein Querdenker, ein Herausforderer. Er hat die Menschen aufgefordert, für sich selbst zu spüren, selbst zu entdecken, was sie gerne wollen, und das auszudrücken. Vielleicht denkst du jetzt: „Aber was ist denn daran schlecht?" Gute Frage!

Links: Hundertwassers Atelier in der
Spiegelgasse in Wien, August 1973

Schauen wir uns ein Beispiel an: Wenn man mal ausgeht, zum Essen, sagen wir in eine Pizzeria, dann stehen auf der Speisekarte verschiedene Namen:

Pizza Margherita
Pizza Funghi
Pizza Quattro Stagioni
Pizza Tonno
Pizza Salame
Pizza Hawaii
Pizza Napoli

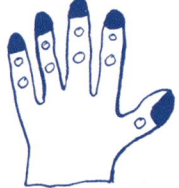

Aus diesen Sorten, die sich irgendwann mal jemand ausgedacht hat, kann man wählen.
Muss man nicht viel nachdenken, oder? Das ist einfach.

Jetzt stell dir vor, du kommst in die Pizzeria und das, was du gerne möchtest, steht nicht auf der Karte.
Du bestellst: **„Herr Ober, ich hätte gerne eine quadratische Pizza aus Kuchenteig mit Erdbeermus und sauren Drops."**
Der Kellner wird vielleicht denken, du hast einen Witz gemacht, und dann wird er sagen, dass es das nicht gibt. „Noch nicht!" – denkst du dir, denn wenn du dich in die Küche stellst und so eine Pizza bäckst, dann gibt es sie. (Vielleicht musst du sie dann aber alleine essen, weil niemand anderer sie probieren mag. Macht nix, bleibt dir mehr!)

Das ist für viele Leute das Anstrengende daran, wenn jemand mit eigenen Ideen aufkreuzt. Es ist einfach nicht so wie immer. **Man muss sich damit beschäftigen und vielleicht sogar etwas verändern.** Das mögen manche nicht. Wenn ich etwas möchte, das nicht auf der Karte steht, muss ich es selber machen, und wenn ich zu faul bin oder es mir nicht wichtig genug ist, dann muss ich mich mit Pizza Margherita, Napoli oder Hawaii begnügen. **Wenn alle so handeln würden, dann würde nie etwas Neues erfunden** und das wäre doch sehr schade! Es gäbe keine Fahrräder, keine Rollerblades, keine Luftmatratzen, keine Computerspiele, ja nicht einmal eine Pizza Hawaii …

![Hundertwasser in seinem Atelier, 1973]

Hundertwasser in seinem Atelier, 1973

Du weißt ja schon, dass Friedensreich Hundertwasser

kein Pizzabäcker war, sondern **Künstler.**

Er hat sich über ganz viele Dinge Gedanken gemacht:

Über das Malen ...

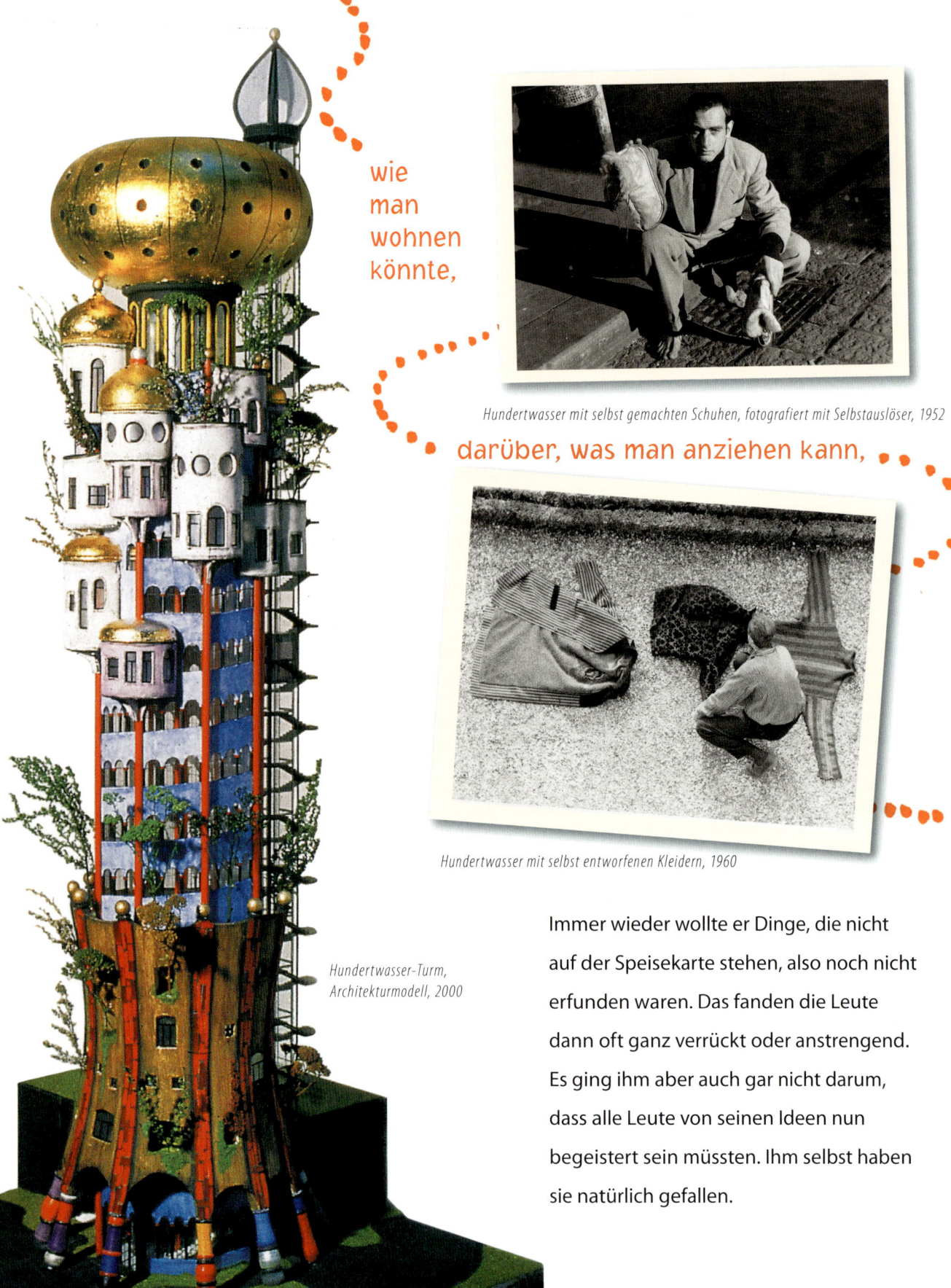

wie
man
wohnen
könnte,

Hundertwasser mit selbst gemachten Schuhen, fotografiert mit Selbstauslöser, 1952

darüber, was man anziehen kann,

Hundertwasser mit selbst entworfenen Kleidern, 1960

Hundertwasser-Turm,
Architekturmodell, 2000

Immer wieder wollte er Dinge, die nicht auf der Speisekarte stehen, also noch nicht erfunden waren. Das fanden die Leute dann oft ganz verrückt oder anstrengend. Es ging ihm aber auch gar nicht darum, dass alle Leute von seinen Ideen nun begeistert sein müssten. Ihm selbst haben sie natürlich gefallen.

Hundertwasser nimmt ein Bad im neuseeländischen Urwald.

●▶▶ wie man mit der Natur leben kann und vieles mehr.

Das Wichtigste am eigenen Kopf ist, dass jeder einen hat – nur kann man nicht hineinsehen.

Um unsere außergewöhnlichen, vielleicht fabelhaften Einfälle sichtbar zu machen, müssen wir sie aussprechen oder umsetzen dürfen.

Dadurch wird die Welt reicher, interessanter und schöner!

Hundertwassers selbst gemachte Sommer- und Winterschuhe

Einfach einzigartig

Sieh dich mal um! Dann entdeckst du **Dinge, die Menschen gemacht haben**, aber auch **Dinge, die aus der Natur kommen**. Und jetzt suche, ob du ganz ———————— gerade Linien ———————— finden kannst. ———————— So gerade, ———————— als wären sie mit einem Lineal gezogen ————————. Findest du sie in den Dingen, die Menschen gemacht haben, oder in der Natur?

Was ist denn eigentlich die Natur? Die **Natur** ist alles, was ohne fremdes Zutun entsteht und existiert: Berge, Täler, Flüsse, das Meer, Sonne und Mond, Pflanzen und Tiere. All das ist einfach da, ohne dass wir Menschen etwas dazu tun.

Und dann gibt es noch die Dinge, die **Menschen gemacht** und sich ausgedacht haben: Autos, Straßen, Häuser, Kleider, Waschmaschinen, Schultaschen, Stereoanlagen, Stockbetten, Buntstifte, Haarklammern, Kochlöffel, Computer,...

Hundertwasser vor einem Betonplattenbau: eine Monsterkonstruktion mit ganz geraden Linien

Wie ist das nun mit uns Menschen selbst?

Sind wir erfunden oder sind wir ein Teil der Natur? Wir werden geboren, wachsen und werden älter. Wir sind ein Teil der Natur, aber die meiste Zeit verbringen wir nicht in der Natur, sondern mit und in gebauten, von Menschen gemachten Dingen.

Das ist etwas, das Friedensreich Hundertwasser viel zu denken gegeben hat. Er hat gespürt, dass wir uns **immer mehr von der natur losgelöst** sehen, als würden wir nicht dazugehören. Er hat bemerkt, dass Menschen, wenn sie die Verbindung zur Natur verloren haben, **nicht glücklich** sind. So war das für ihn. Gehen wir dem einmal nach!

19

Hundertwasser mit einem gebogenen Lineal, 1985
(Das Lineal wurde bei einem Wohnungsbrand so verformt)

Wie kann das sein?
Warum werden die
Menschen unglücklich
und krank?

Hundertwasser bringt den Unterschied zwischen Natur und von
Menschen gemachten Dingen auf den Punkt. Er sagt:

„In der Natur gibt es keine mit dem Lineal gezogene gerade Linie."

Er mag die gerade Linie nicht. Er behauptet, dass wir uns beim Sehen einer
━━━━━━━━ unbehaglich fühlen, weil sie nicht natürlich ist. Gerade Linien
machen uns unglücklich, lassen uns glauben, dass wir ein Teil der gebauten
Welt sind, und **vergessen, dass wir ein Teil der Natur sind.**
In der **Natur** ist alles, jede Blume, jede Schneeflocke, jeder Grashalm
einzigartig. Es gibt nie einen zweiten, der ganz genau gleich ist. Jedes
Ding ist besonders. Bei den Menschen ist es genauso. **Jeder Mensch
ist einzigartig** und es gibt nie einen anderen, der gleich ist. Nicht einmal Zwillinge sind wirklich identisch, sie ähneln einander einfach nur sehr.

Eines Tages ist Friedensreich Hundertwasser mit dem Fahrrad gefahren. Dabei fiel ihm auf, dass er keine gerade Linie fuhr, obwohl die Straße ganz gerade war. Er hatte da und dort kleine Schlenker eingebaut, ist Kurven gefahren, mal schneller und mal langsamer. Und er dachte, dass schon alleine diese einfache Spur, die er fuhr, einzigartig sei. Nicht einzigartig im Sinn von herausragend wunderbar, sondern einfach nur **einzigartig, wie keine andere.** Alle Menschen ziehen Bahnen, aber niemand jemals ganz genau die gleiche wie ein anderer.

132/IX   *RADFAHRER IM REGEN, 1951*

Wir können ja nicht einmal unsere eigenen Linien genau kopieren.

Das kannst du gerne versuchen. Schreib deinen **Namen** auf ein Blatt Papier. Dann nimm ein zweites Blatt und versuche deinen Namen **noch einmal ganz genauso zu schreiben**, so exakt wie möglich. Das gelingt dir nicht – du kannst es prüfen, indem du die Blätter übereinander legst und sie gegen das Licht hältst. Das ist wunderbar! Immer wenn du deinen Namen schreibst, wird es ein neuer und einzigartiger Schriftzug.

Hundertwasser beim Malen

DAS ICH WEISS ES NOCH NICHT, 1960

Phänomenale Spirale

So wenig Friedensreich Hundertwasser die gerade Linie gemocht hat,

so sehr hat ihn die **Spirale** fasziniert. Immer wieder tauchen Spiralen

in seinen Bildern auf. Er hat sie sein Leben lang gemalt. Sie waren für ihn

ein **Symbol des Lebens und der Natur.**

315 SCHNECKENRUHE EINER ÖSTERREICHISCHEN LANDSCHAFT, 1957

Symbole kommen in unserer Welt immer wieder vor. Es sind **Sinnbilder**, Zeichen, die für etwas Anderes stehen. Wenn du zum Beispiel ein ♥ siehst, denkst du an **Liebe**, und ein Totenkopf will dich warnen:

Achtung, Lebensgefahr!

Wenn du aufmerksam durch die Welt gehst, wirst du ganz viele Symbole erkennen. Es sind Bilder, die uns etwas sagen wollen.

Wie sieht ein Symbol für dich aus, das du selbst erfindest?

Welche Farben passen am besten zu dir und welche Formen? Wird es wohl eher

etwas Blaues, Rundes oder etwas Grün-Gelb-Gestreiftes mit Quaste dran?

Zeichne dein ganz persönliches Symbol!

Warum ist die Spirale ein Symbol für das Leben?

Auf den ersten Blick findet man sie nicht so leicht und doch sind Spiralen immer um uns.

Such sie einmal! Wenn du dich danach umsiehst, vergiss nicht, dass das Leben in der **Natur** ist. In von Menschen gemachten Dingen sind Spiralen viel seltener.

Kannst du dir vorstellen, dass sogar an dir selbst welche zu finden sind? Ein kleiner Tipp: Sie sind nicht so leicht zu entdecken, weil sie so klein sind.

Hast du sie trotzdem gefunden? Sie sind auf unseren Fingerspitzen! Auch unsere Ohren sehen spiralig aus, nicht wahr? Wenn du deine Fingerabdrücke mit anderen vergleichst, wirst du etwas Aufregendes entdecken: Jeder Mensch auf der ganzen Welt hat einzigartige Fingerabdrücke, keiner gleicht dem anderen. Und es leben immerhin fast 6,4 Milliarden Menschen auf unserem Planeten! Ein Daumenabdruck dient deshalb schon seit Jahrtausenden als Unterschrift.

Oma 67 Jahre

Papa 46 Jahre

Mama 44 Jahre

Gabriel 16 Jahre

Alicia 9 Jahre

Um die Spiralen deiner Finger besser anschauen zu können, kannst du ganz wenig Farbe darauf streichen oder sie auf ein Stempelkissen pressen und dann auf ein Blatt Papier abdrücken.

24

Ein Baby im Mutterleib liegt in der Fruchtblase wie eine kleine Spirale. Nach der Geburt, wenn wir wachsen und größer werden, falten wir uns auf wie eine Blume. Kleine Babys liegen oft noch so eingerollt in ihrem Bettchen.

Und auch wenn man schon gelernt hat, aufrecht zu sitzen und zu gehen, legt man sich abends gerne zusammengekauert schlafen. Dann fühlt man sich geschützt.

170 DER GARTEN DER GLÜCKLICHEN TOTEN, 1953

Ein Farnblatt entrollt sich

Wenn wir nach draußen in die Natur schauen, finden wir noch viele Beispiele für Spiralen: Pflanzen, Tiere, Elemente, …

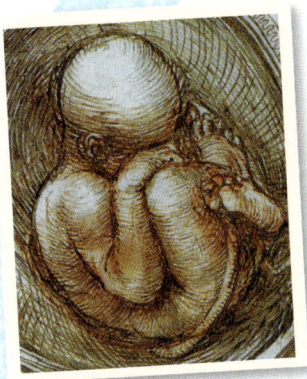

Baby im Mutterleib

Weinbergschnecke

Wasserstrudel

Spiralnebel im Weltall

Wirbelsturm aus dem Weltall fotografiert

Spiralen gibt es also überall, im ganz Großen und im ganz Kleinen.

Sie beginnen im Ursprung, der Mitte, dem Punkt im Zentrum und drehen sich immer weiter nach außen. Die Spirale selbst könnte immer so weiter gehen, nur wenn wir sie zeichnen, müssen wir aufhören, wo das Blatt zu Ende ist. Dann kann man sie nicht mehr sehen, aber wir wissen, dass sie sich immer weiter dreht. Mit dem Leben ist es genauso.

Es beginnt bei unserer Zeugung als kleiner Punkt.

Wir wachsen und werden geboren, entwickeln uns,

werden Kind, Teenager, Erwachsener,

bekommen vielleicht selber Kinder,

werden älter und sterben.

Doch das Sterben ist nur wie der Rand des Blattes, auf das wir zeichnen, wir können unseren Körper nicht mehr sehen, aber die Spirale unserer Seele dreht sich für immer weiter.

So war das auch für Friedensreich Hundertwasser, deshalb hat er die Spirale so geliebt und war von ihr begeistert – und hat sie immer wieder in seinen Bildern dargestellt.

Malen ist träumen

Zum Malen braucht man verschiedene Dinge:
Man braucht **Farben**, einen Untergrund und eine **Idee**.

Du hast doch sicherlich schon oft gemalt. Die allerersten Bilder entstehen meist mit Fingerfarben oder bunten Wachsmalkreiden, weil es für kleine Kinder noch sehr schwierig ist, einen Stift zu halten. Aber sie malen schon, weil es eine schöne Tätigkeit ist und es sich wunderbar anfühlt, mit Farbe zu gestalten und zu spielen. Später lernt man dann den Umgang mit verschiedenen Werkzeugen, mit Stiften und Pinseln.

Welche **Materialien** kann man benutzen, um zu malen? Welche kennst du?
Überleg mal! Hast du sie alle schon einmal ausprobiert?

Bilder von modernen Malern geben uns oft **Rätsel** auf.
Das ist nicht wie bei Fotografien, wo unsere Welt abgebildet ist.
Die Maler nehmen uns mit in ihre Welt,
in die Malerwelt.
In Hundertwassers Welt gibt es ungewöhnliche Dinge zu sehen.
Da ist einiges zu entdecken:

Schau auf Seite 90!

Einen Kopf mit vielen Augen ...

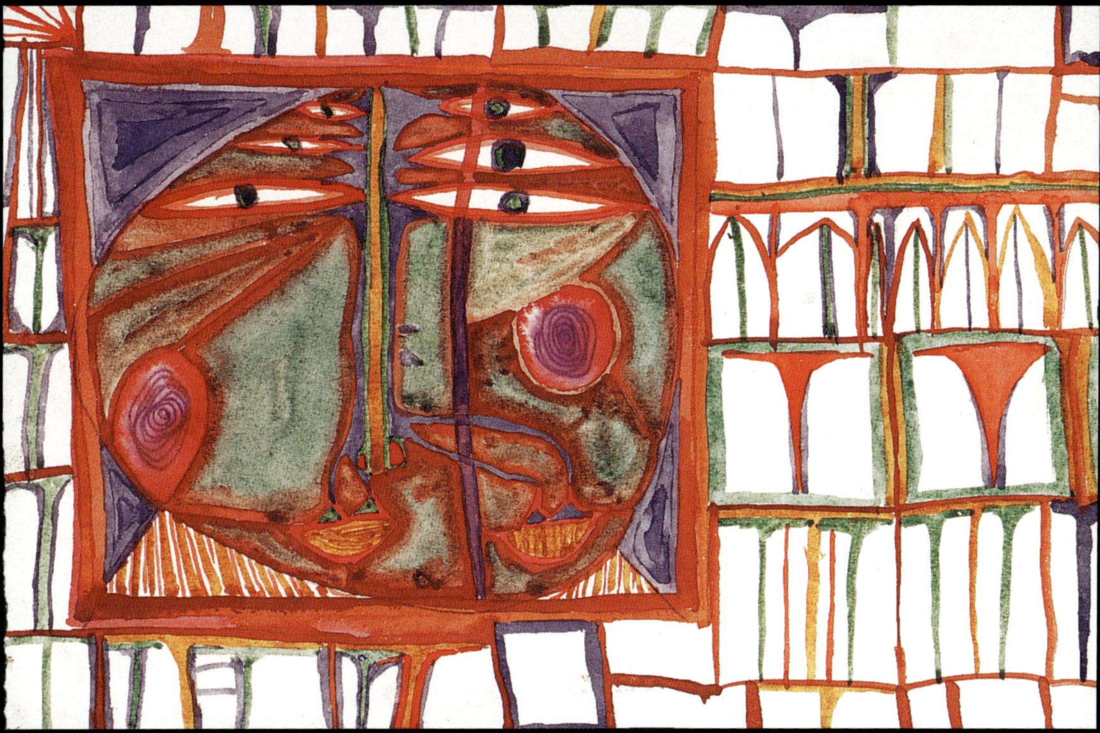

193 KOPF MIT WEISSEN FENSTERN, 1954

... eine „Doppelkatze" ...

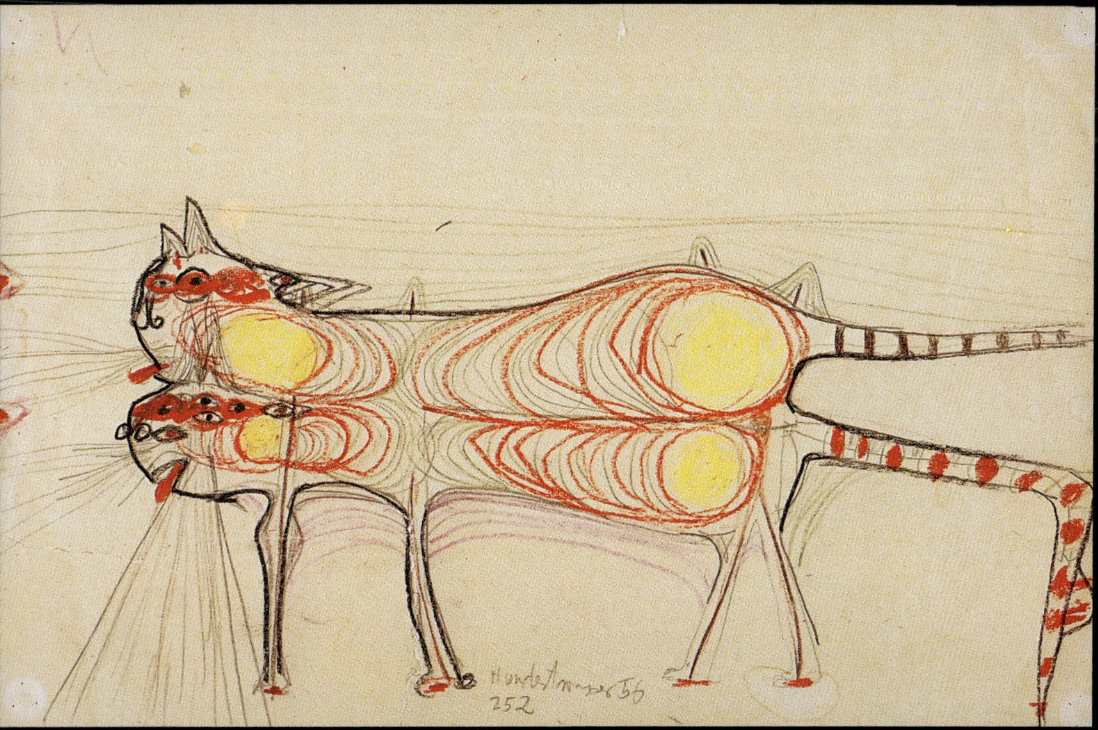

252 DOPPELKATZE, 1956

... runde Häuser mit Spiralfassaden ...

DIE DREI HÄUSER VON ATLANTIS, 1963

... ein Kopf und ein Schiff, aus denen Bäume wachsen ...

687 *COLUMBUS LANDET IN INDIEN, 1969*

831   *TENDER DINGHI, 1982*

... zwei Fahrradfahrer im Bauch einer Schlange.

956 *DADAKULACI - LATICAUDA COLUBRINA (Gestreifte Seeschlange), 1994*

„Malen ist träumen. Wenn ich male, träume ich. Wenn der Traum zu
Ende ist, erinnere ich mich nicht mehr daran,
was ich geträumt habe.
Das Bild aber bleibt. Es ist die Ernte des Traumes."

Hundertwasser hat sehr langsam gemalt, oft hat er sich jahrelang Zeit gelassen, bis ein Bild für ihn wirklich abgeschlossen war. Dabei ist er natürlich nicht die ganze Zeit an dem Bild gesessen. Er malte daran, stellte es zur Seite, begann ein anderes, dann hat er eine Reise gemacht und wenn er zurückgekommen ist, hat er es wieder hervorgeholt und weitergearbeitet. **Ein Bild ist gewachsen wie eine Pflanze.** Zuerst war noch wenig zu sehen, nur ein paar Linien oder Flächen, und Stück für Stück kam mehr dazu, es wurde farbenprächtiger und entwickelte sich.

Unscheinbar und langsam wuchs die Malerei. Er nannte seine Art zu malen

„vegetative Malerei".

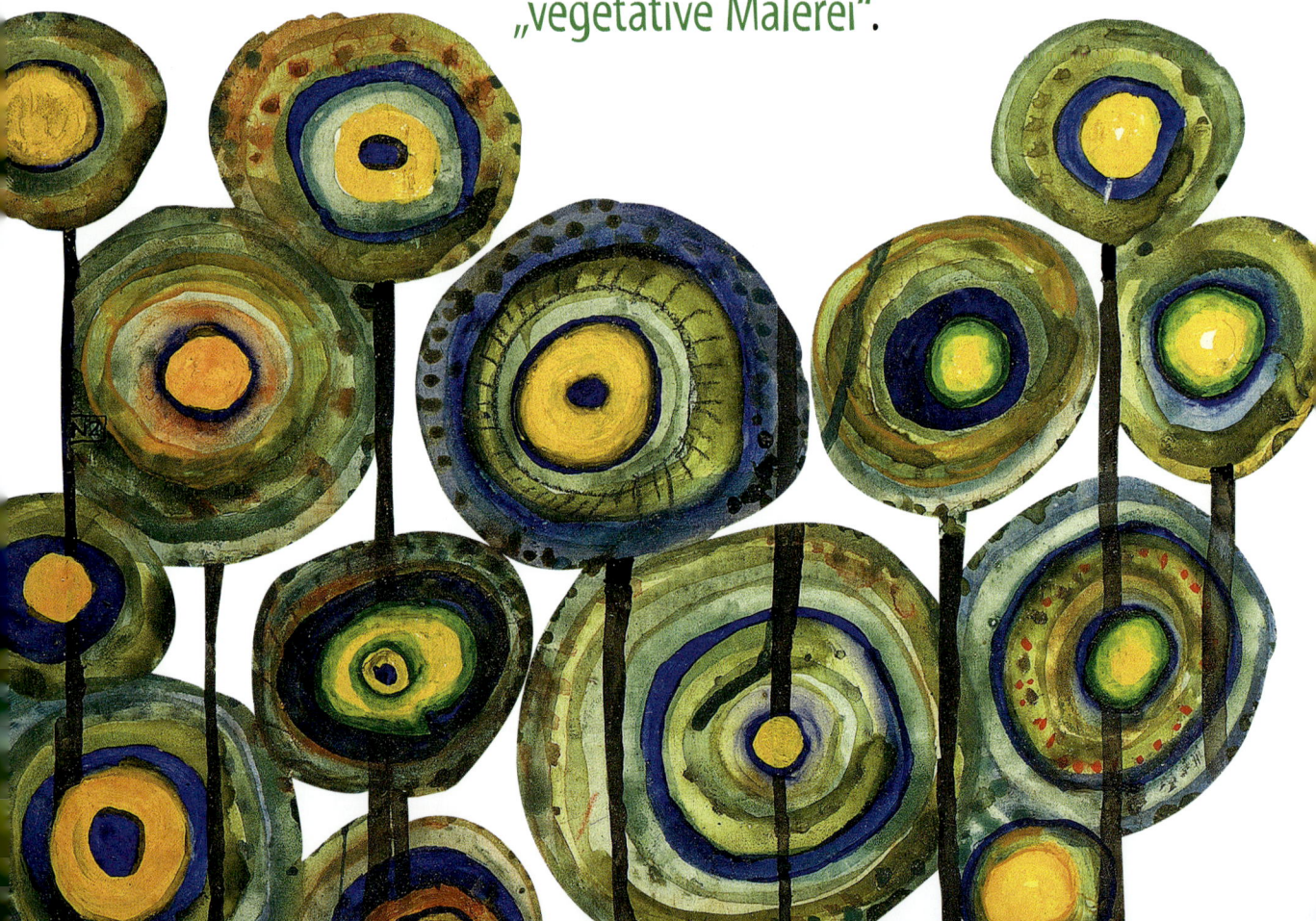

Vegetativ bedeutet einerseits, dass es etwas mit Pflanzen zu tun hat, und andererseits, dass es **nicht nach dem Willen geschieht**. Eben ein bisschen wie träumen: In unserem Kopf entstehen Bilder, aber es sind keine Bilder, die wir uns selbst ausgedacht haben. Sie kommen einfach. Das ist ein ganz eigentümlicher Vorgang, der aber sehr freudvoll und aufregend sein kann.

Wenn du Lust hast, kannst du es spielerisch erleben. Du brauchst dazu ein Tuch für deine Augen und einen Partner, dem du vertraust. Wenn deine Augen verbunden sind, wirst du gedreht, bis du die Orientierung verloren hast. Jetzt kannst du versuchen, den Raum zu erkunden, in dem du dich befindest. Wo ist die Türe, wo das Fenster, wo die Couch? Erst ist man unsicher und bleibt stehen. Man hört ganz bewusst, streckt seine Hände aus, um zu tasten, vielleicht fällt einem auch auf einmal auf, welche Gerüche im Raum sind. Dann geht man in ganz kleinen Schritten und ganz vorsichtig. Langsam erkundest du deinen Weg und dein Partner passt auf, dass du dich nicht stößt – das gibt dir Mut und Sicherheit. Du kannst nichts falsch machen, denn du wirst sicher geführt. Wenn du genug hast, tauscht ihr. So kannst du auch erleben, wie es ist, jemand anderen zu führen und gut auf ihn zu achten.

Friedensreich Hundertwasser hat sich so gefühlt, wenn er malte. Er sagte:

„Wenn der Maler nicht selbst völlig erstaunt ist über das, was er malt, dann ist es kein gutes Bild. Ich selber möchte mich von meinen eigenen Bildern überraschen lassen. Ich möchte ständig meine eigenen Bilder entdecken."

„Maler sein ist etwas Ungeheures. Die Malerei gibt die Möglichkeit, in unerforschte Regionen vorzudringen, die sehr, sehr weit weg von uns sind."

So wie du den Raum erkundet hast, hat er die **Bilder erkundet**. Er hatte eine Idee, einen Traum oder ein Gefühl, das er darstellen wollte. Er ist aber nicht mit dem Pinsel losgerannt, sondern hat zuerst einmal vor der Leinwand gesessen. Dann hat er begonnen, ganz langsam und vorsichtig, er musste den **richtigen Weg** und die **richtigen Farben** für sein Bild erst finden. Und irgendwann hatte er plötzlich das Gefühl, **geführt zu werden**. Dann brauchte er nicht mehr nachzudenken, alles ging wie von alleine. Er beschrieb es einmal so:

> „Wenn ich male, tue ich dem Ablauf keinen Zwang an, sondern ich lasse mich führen. Dadurch kann ich keinen Fehler machen."

Viele Künstler oder auch Leute, die sich ganz tief in eine Angelegenheit versenken können, berichten von diesem Gefühl. Hast du das schon einmal erlebt, dass du ganz bei einer Sache warst, so dass du nicht bemerkt hast, wie die Zeit verging, oder gehört hast, wenn dich jemand rief?

Hundertwasser beim Malen, 1989

Da denkt man nicht mehr nach, man tut einfach. Im Nachhinein wundert man sich sogar, was man alles schaffen konnte, ohne dass es anstrengend oder lange geworden wäre. Es ist, als hätte jemand deine Hand genommen und dich geführt. Niemand kann so genau sagen, wer das ist und wie das kommt.

Friedensreich Hundertwasser meinte, dass Malen eine religiöse Beschäftigung wäre, und er war sich sicher, von einer göttlichen Kraft geführt zu werden.

Wenn du dir diese Bilder ansiehst, fällt dir sicherlich die starke
Farbigkeit auf. Alle Gemälde sind bunt, lebendig und leuchtend.

DAS ENDE DER WASSER, 1979

Dunkelbunte Farben mochte Hundertwasser

besonders gern. Das Wort dunkelbunt hat er erfunden, weil es am besten ausdrückt, wie er sie empfindet:

> „Dunkelbunt bedeutet: in reinen starken tiefen Farben, etwas traurig, wie an einem Regentag."

> „An einem Regentag beginnen die Farben zu leuchten; deshalb ist ein trüber Tag – ein Regentag – für mich der schönste Tag. Das ist ein Tag, an dem ich arbeiten kann. Wenn es regnet, bin ich glücklich. Und wenn es regnet, weiß ich, dass mein Tag beginnt."

Schau auf Seite 91!

840 *CIEL COUVERT - LES CIELS D'ICI ET DE LA (Bewölkter Himmel – Die Himmel von da und von dort), 1982*

Dunkelbunt und Regentag hat er übrigens so schön gefunden, dass er diese Wörter seinem Namen angefügt hat. Er hieß dann :

Friedensreich Regentag Dunkelbunt Hundertwasser.

Hast du schon einmal beobachtet, wie sich die **Farben in der Natur** verändern? Morgens, wenn die Sonne noch knapp über dem Horizont steht, oder mittags, wenn sie hoch am Himmel über uns ist und am hellsten leuchtet? Ein Wald kann jederzeit, bei jeder Lichtstimmung, seine Ausstrahlung verändern. An einem wolkenverhangenen Nachmittag sieht er ganz anders aus als an einem sonnigen Frühlingsmorgen. Auch an Regentagen verändern sich die Farben.

Das kannst du so erforschen: Erinnere dich an einen **Sonnentag**, an die Farben und wie du dich an diesem Tag gefühlt hast. Such dir aus deinem Malkasten die treffendsten Farben und male dein Bild. Dann leg es zur Seite, so dass du es nicht mehr sehen kannst. Nun erinnere dich an einen **Regentag**, an dem du draußen in der Natur draußen warst. Wie war die Stimmung? Wie waren die Farben? Wenn du sie nicht in deinem Malkasten finden kannst, musst du sie erst mischen. Welche Farben muss man zusammenmischen, um die Stimmung eines Regentages einfangen zu können? Das ist ein spannendes Experiment. Wenn du das Bild gemalt hast, kannst du nun beide, das Sonnentag- und das Regentagbild vergleichen. Sieht man einen Unterschied?

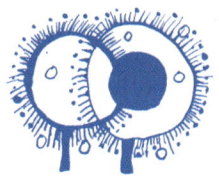 Friedensreich Hundertwasser war ein Künstler der Farben.
Auf die Frage:
„Was macht ein gutes Bild aus?"
hat er geantwortet:

„Wenn das Bild voller Magie ist, wenn man das Glück herausspürt, wenn es zum Lachen oder zum Weinen reizt, wenn es etwas in Bewegung bringt. Es soll wie eine Blume sein oder wie ein Baum. Es soll so sein wie die Natur. Es sollte so sein, dass man es vermisst, wenn es nicht da ist."

BLUTREGEN FÄLLT IN EINEN GARTEN MIT WEINENDER KIRCHE, 1961

Drei Häute
Die erste Haut . Der Körper

Unsere Haut umhüllt unseren Körper, hält alles zusammen. Sie ist der Teil unseres Selbst, der außen liegt, den man sehen kann. Alle Lebewesen haben eine Haut, die ihrem jeweiligen Lebensraum angepasst ist:

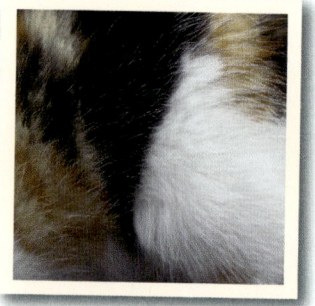

Fische leben in Gewässern. Sie haben meist eine glitschige **Schuppenhaut**, um so richtig gut durch das Wasser flutschen zu können.

Aus der Haut der Vögel wachsen **Federn**, die sie brauchen, um zu fliegen.

Andere haben ein dichtes **Fell**, um sich vor Kälte zu schützen.

Menschen haben ebenfalls ihre Haut, aber auch sie ist nicht überall gleich. Im Gesicht und auch an den Stellen, wo wir kitzelig sind, haben wir feine Haut. An den Füßen gibt es aber auch harte Haut, sie hilft uns beim Laufen. Weil sie dick ist, spüren wir die Steinchen auf dem Weg weniger und es tut nicht so weh, barfuß zu gehen. Stell dir vor, wir hätten an den Füßen so dünne Haut wie im Gesicht, da würden wir den ganzen Tag im Bett bleiben  müssen oder in der Badewanne. Aber du weißt sicherlich, was mit unserer Haut geschieht, wenn wir zu lange im Wasser bleiben. Sie beginnt zu schrumpeln. Wir sind eben keine Fische.

Bei Bäumen haben sogar die verschiedenen Teile unterschiedliche Häute, denn jeder Teil eines Baumes hat eine andere Aufgabe:

Der Stamm bestimmt die Größe, er muss fest sein, um die Krone tragen zu können, diese Haut ist meistens schroff, es ist eine harte, schützende **Rinde**.

Schau auf Seite 90!

Die Rinde der Äste ist nicht so stark, denn Äste müssen biegsam sein, sonst würden sie bei Wind und Regen brechen.

Das **Blattwerk** wächst jedes Jahr neu, es dient dem Baum zum Atmen.
Die Haut der Blätter ist die feinste, sie verändert sogar je nach Jahreszeit ihre Farbe.

Die zweite Haut. Die Kleidung

Da wir kein Fell haben, das uns wärmt, wurde die Kleidung erfunden. **Kleidung ist also unsere zweite Haut.** Die erste Haut können wir uns nicht aussuchen, wir müssen nehmen, womit wir zur Welt gekommen sind. Bei der zweiten Haut können wir wählen. Sie soll uns **schützen**, darüber hinaus gibt sie uns die Freiheit zu **zeigen, wie wir sind.** Mädchen und Jungs, Männer und Frauen tragen unterschiedliche Kleidung. Man erkennt an deiner Kleidung aber auch, ob du zur Schule gehst, auf den Sportplatz, zum Schwimmen oder abends ins Bett.

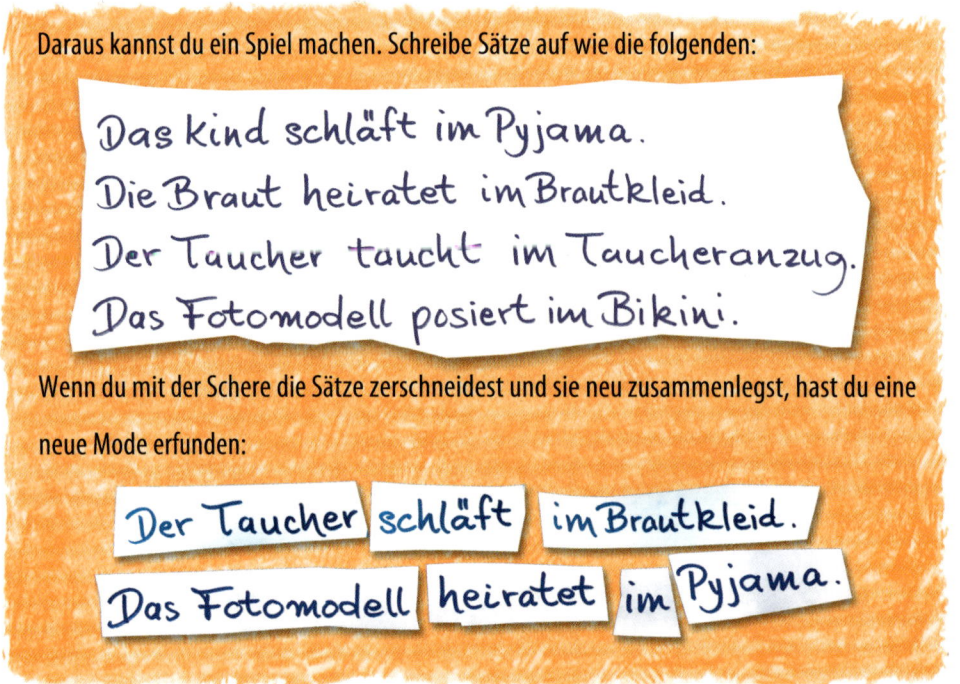

Daraus kannst du ein Spiel machen. Schreibe Sätze auf wie die folgenden:

Das Kind schläft im Pyjama.
Die Braut heiratet im Brautkleid.
Der Taucher taucht im Taucheranzug.
Das Fotomodell posiert im Bikini.

Wenn du mit der Schere die Sätze zerschneidest und sie neu zusammenlegst, hast du eine neue Mode erfunden:

Der Taucher schläft im Brautkleid.
Das Fotomodell heiratet im Pyjama.

Friedensreich Hundertwasser hat es verwundert, manchmal sogar verärgert, dass die Leute sich so einförmig und fade anziehen, denn das Besondere, das Einzigartige lag ihm am Herzen. Er hätte sich gewünscht, schon an der Kleidung zu sehen, welchen Menschen er begegnet. Doch die Menschen haben Angst aufzufallen, anstatt ihre Schönheit und Besonderheit zu zeigen.

Da sind wir so einzigartig und wunderbar und tragen doch so langweilige Einheitskleidung! **Er wollte sein Auge erfreuen, wenn er Leute sah, wollte bunte Farben und Muster entdecken, lustige Hüte, einzigartige Schnitte, verschiedenartige Strümpfe.** Da Hundertwasser die Kleidung, die er schön fand, nirgends kaufen konnte, hat er sie selbst genäht oder nähen lassen.

Hundertwasser trug stets zwei verschiedene Socken.

Hundertwasser in seinem für die Zeitschrift Vogue entworfenen Anzug.

Senkrechte Streifen fand er besonders schön.

Was ihm wichtig ist, hat er so beschrieben:

„Kleidung ist wie ein Haus, es gibt keinen Grund dafür, dass das Innere weniger schön, weniger angenehm als das Äußere sein sollte. Das ist so wie bei einem Pyjama. Pyjamas sind sehr angenehm.

Man kann darin schlafen. In meinem Anzug auch. Man fühlt sich um so vieles bequemer in einem Anzug, der zu groß ist. Die Ärmel sind zu lang und nicht eingesäumt. Auch die Knöpfe sind alle verschieden, sowohl was ihre Form betrifft als auch ihre Farben. Das ist so viel lustiger, so viel interessanter. Meine Strümpfe sind auch verschieden. Der linke und der rechte sind nie die gleichen. Ich liebe Streifen und da die Stoffe sich immer in Falten legen, sieht es nie nach einer steifen, geraden Linie aus, insbesondere, wenn das Kleid nicht gebügelt ist. Es ist krankhaft, immer alles bügeln zu wollen. Waschen ja, bügeln nein."

Schau auf Seite 92!

Friedensreich Hundertwasser hat sich auch darüber beklagt, dass die Menschen keine Hüte mehr tragen. Denn Hüte sind hübsch, sie sind eine großartige Sache. Sie machen den Menschen größer und verleihen ihm Wichtigkeit. Eigentlich wie die Krone eines Königs.

Alle Menschen sollen sich wie Könige fühlen, so schön und so wichtig und so voller Verantwortung für ihre Welt. Er sagt:

„Ich bin ein König. Ich habe mir selbst eine Krone aufgesetzt. Ich würde es vorziehen, in einem reichen Tal mit reichen Königen zu leben, als in einem Jammertal. Dann bräuchte man nicht weit ins nächste Königreich oder Paradies, denn es wäre gleich nebenan beim Nachbarn."

Für Friedensreich Hundertwasser könnte das Leben ein Fest sein, unsere Umwelt das Paradies und alle Menschen könnten Könige sein.

Wie würde das aussehen? Mal doch ein Bild davon. Wie siehst du aus als Prinz oder Prinzessin?

Wenn du das nächste Mal eine Party feierst, an deinem Geburtstag oder zu Frühlingsbeginn oder einfach, weil das Leben so schön ist, dann könntest du auf die Einladungen, die du verteilst, schreiben:

Ich freue mich, dich zu meinem Königsball einladen zu dürfen. Bitte komme in deinem schönsten Prinzen- oder Königinnenkostüm. Wir wollen fürstlich speisen und uns königlich amüsieren.
PS: Krone nicht vergessen!

Da könntest du dann erleben, wie toll man es als Könige miteinander haben kann.
Viel Spaß bei dem Fest!

Die dritte Haut. Das Wohnen

Die dritte Haut, von der Friedensreich Hundertwasser gesprochen hat, sind unsere **Wohnungen** und **Häuser**.

So wie die Kleidung für unseren Körper, ist ein Haus die **Hülle unseres privaten Lebensraumes**. Und ebenso sollte man außen an der Fassade des Hauses sehen können, wer hinter den Fenstern wohnt.

Hier ist jedes Fenster, jeder Balkon gleich, aber sind auch alle Menschen, die in diesem Haus wohnen, gleich?

Friedensreich Hundertwasser sagte einmal:

„Wenn ich hinausschaue, dass alles voll glattem Elend ist und alle eingekerkert sind, das ist mir so furchtbar, dass es mir selber verleidet wird. Viel lieber wäre mir, wenn ich irgendwo hinausschau, und sehe, dass es überall schön ist, und es wäre wichtig, dass die Leute selber anfangen, ihre Schlösser zu bauen."

Wenn du willst, kannst du einen **Plan deines Wunschschlosses** zeichnen. Wie willst du wohnen? Ist dein Schloss eine Hütte, eine Höhle, ein Palast? Ist es auf einem Baum, unter der Erde, auf einer Wolke? Welche Zimmer brauchst du für dich und deine Familie? Willst du königliche Haustiere haben? Brauchen sie einen Stall? Träum dir einmal den besten Platz der Welt für dich und zeichne ihn auf.

Rechts: Das Hundertwasser-Haus in Wien, 1983-1985, Originalmiturheber Arch. J. Krawina

Anders Wohnen

Friedensreich Hundertwasser hat sich nicht nur auf Malerei beschränkt, sondern sein Talent in verschiedenen Bereichen eingesetzt.

Beim Bauen und Gestalten von **Häusern und Wohnräumen** war ihm wichtig, dass sich darin seine **Ideen und Träume** widerspiegeln. Wo es geht, soll die natur in das alltägliche Leben einbezogen werden.

Man soll die Freude am Grünen und an guter Luft nicht nur genießen können, wenn man sonntags auf Ausflugsfahrt geht, sondern jederzeit, da wo man lebt. Sogar in einer großen Stadt. Und weil für Hundertwasser **Farben** immer eine große Rolle gespielt haben, stellte er sich glückliches Wohnen auch richtig bunt und leuchtend vor.

Links: Die Wald-Spirale von Darmstadt, 1998-2000

Rechts: In den Wiesen, Bad Soden, 1990-1993

Das Fensterrecht

Nicht jede Familie kann es sich leisten, ein eigenes Haus zu bauen. Viele Menschen leben in der Stadt, in Wohnblocks, in Etagenwohnungen. Da kann man leider nicht mitbestimmen, wie das Haus aussehen soll. Ein **Architekt** entwirft das Gebäude, so wie es ihm selbst am besten und schönsten erscheint. Wie viel Platz gibt es? Wie viele Menschen sollen dort wohnen oder arbeiten? Wie groß müssen die Fenster sein, wie dick die Mauern, sollen die Zimmer klein und eng oder groß und freizügig sein? Wie kommt man vom ersten in den zweiten Stock?

Diese Seite: Fenster am Fernwärmewerk Spittelau, Wien, 1988-1992

Diese und viele andere Fragen stellen sich Architekten und suchen nach einer guten Antwort. Dann zeichnen sie einen **Plan**. Gebaut wird das Haus dann von **Baufirmen** und **Bauarbeitern**.

Die **Mieter** ziehen also in ein Haus ein, das **Fremde entworfen und gebaut** haben. Wie könnte man nun trotzdem zeigen, dass in jeder Wohnung, hinter jedem Fenster andere, jeweils *einzigartige Menschen* wohnen?

Balkon und Fenster, Wald-Spirale von Darmstadt, 1998-2000

Hundertwasser fand das sehr wichtig und hat gefordert, dass jeder ein Recht darauf haben sollte, den Platz rund um sein Fenster selbst zu gestalten.

Er nannte es das Fensterrecht.

Gedacht war das so: So weit seine Arme reichen, ist der Umkreis um das Fenster eines Menschen sein persönlicher Raum. Den dürfte er dann gestalten, wie es ihm gefällt. Der Mieter oder die Mieterin könnte ihn bemalen oder mit Fliesen verzieren, Blumenkistchen montieren und darin Blumen oder Kräuter ziehen, man könnte dem Fenster auch eine schöne Kette umlegen wie dem Hals einer feinen Dame oder rundherum Metallplatten aufnageln, die in der Sonne glänzen.

Wenn man mit einer Freundin die Straße entlang spaziert kommt, könnte man dann sagen: „Schau mal, dort hinter dem violetten Kräuterfenster, da wohne ich." Oder man könnte sie raten lassen: „Was glaubst du, welches der Fenster ist meines?"

Wie würde dein Fenster aussehen?

Du hast sicherlich viele gute Ideen. Wie viele Gestaltungsmöglichkeiten, Muster und Verzierungen fallen dir ein? Leider können wir uns das heutzutage nur vorstellen, denn obwohl Hundertwasser es als Recht für jeden Menschen gefordert hat, ist es bei uns nicht erlaubt. Wenn man das an richtigen Häusern macht, kann man jede Menge Ärger bekommen. Aber um auszuprobieren, wie es wohl aussehen könnte, ist ein Schachtelhaus auch prima geeignet.

Schau auf Seite 94!

Die Baumpflicht

Wenn Häuser gebaut werden, geben sie uns Schutz und einen Platz zum Leben. Häuser sind wichtig. Aber auf dem Platz, an dem ein Haus errichtet wird, wuchs vielleicht vorher schon eine Wiese oder stand ein Baum. Es war zuvor der Lebensraum von Pflanzen.

Nur Pflanzen?

Was könnte man machen, um für beide Lebensformen, die Menschen und die Pflanzen, den Lebensraum zu erhalten, so dass sie in guter Nachbarschaft leben können? Gute Frage! Friedensreich Hundertwasser hat darauf eine sehr einfache Antwort gegeben:

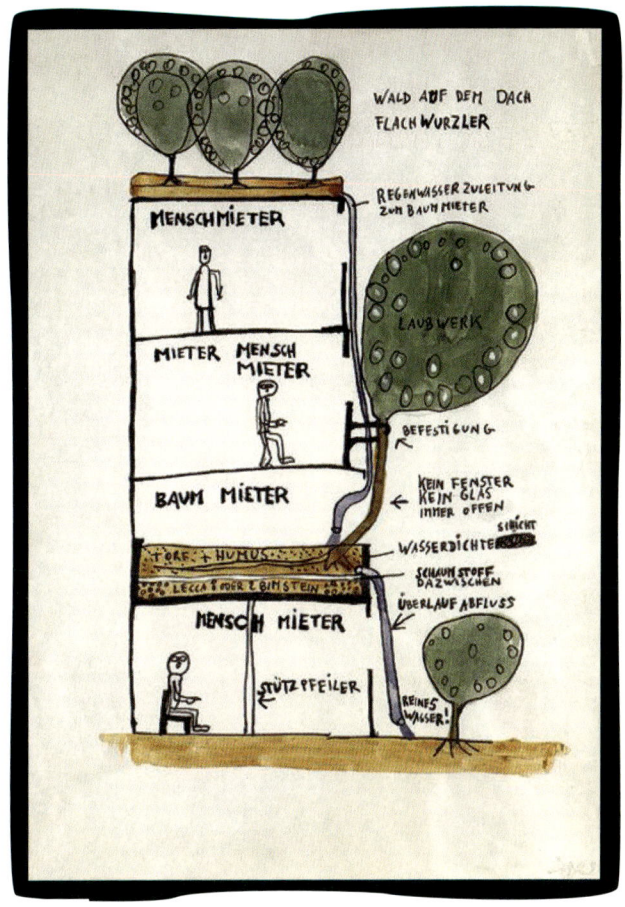

766 BAUMMIETER, 1976

„Wenn ich der Wiese am Boden den Raum nehme, kann ich sie ja am Dach wieder anpflanzen. So bekommt sie wieder genügend Platz und es entsteht dabei ein super Dachgarten."

Alle Lebewesen haben das Recht auf Lebensraum, auch die Bäume! Und da sie nicht sprechen können, brauchen sie uns Menschen als Fürsprecher. Auch die Menschen profitieren vom Zusammenleben mit den Pflanzen. Bäume schaffen durch ihre Blätter gute Luft und spenden Schatten. Baummieter sind Staub- und Lärmschlucker und durch ihr schützendes Blätterdach kann man sich bei ihnen geborgen fühlen.

Sie laden Schmetterlinge und Vögel ein zu verweilen und so kommen Schönheit und Freude wieder vermehrt in unser Leben. Bäume zu pflanzen, fand Hundertwasser, ist eine Pflicht, er nannte sie Baumpflicht.

Häuser kann man auf unterschiedlichste Weise bauen. Sie können hoch, lang, breit, rund, eckig, einfarbig oder bunt, aus Stein, Ziegeln, Metall, Glas, Lehm, Holz oder Stroh sein.
Auf seinen weiten Reisen hat Hundertwasser die unterschiedlichsten Bauformen kennen gelernt und sich zu eigenständigen Entwürfen inspirieren lassen. Am wichtigsten war für ihn immer die Verbindung des Menschenraumes mit der Natur.

*Das Augenschlitzhaus, 1974
(Modell)*

Das Spiralhaus, 1975
(Modell)

Das Hundertwasser - Haus in der Löwengasse in Wien

Das erste Haus von Hundertwasser, das auch wirklich gebaut wurde, steht in Wien. Es war ein bisschen mühsam, die Stadtväter davon zu überzeugen. Es mussten viele Pläne gezeichnet und Modelle gebaut werden, bis man endlich einen guten Weg für alle gefunden hatte.

Es sollte ein Gebäude mit 50 Wohnungen werden, mit Baummietern und Dachgärten, mit unterschiedlich gestalteten Fenstern, bunt und phantasievoll, mit Zwiebeltürmen, ungeraden Linien, Mosaiken aus Bruchfliesen, mit Erkern und Balkonen. Im Inneren sollten farbenfrohe Säulen stehen, die Festigkeit ausstrahlen und die Bewohner an Baumstämme erinnern. Das Haus sollte kein grober Klotz werden, sondern aus unterschiedlich hohen Gebäudeteilen bestehen, so dass sich eine vielfältige Skyline abzeichnet. Märchenhaft schön sollte es sein, wie Hundertwasser es sich immer schon erträumt hatte.

Schau auf Seite 93!

Das 1985 fertig gestellte Hundertwasser-Haus in Wien, Originalmiturheber Arch. Josef Krawina

Ein Baummieter

1983 fand die Grundsteinlegung* des Hundertwasser-Hauses statt. Von da an wurde gebaut. Bei so einem großen Projekt sind sehr viele Menschen mit unterschiedlichen Berufen beteiligt. Viele haben mitgeholfen, das Haus zu bauen. Und es ist toll gelungen, findest du nicht?

*Ein Grundstein ist der erste Stein eines Hauses.

Schau auf Seite 92!

Eine Säule im Eingangsbereich

Der Brunnen vor dem Eingang

NATUR + SCHÖNHEIT = GLÜCK

Das sieht aus wie eine Rechnung, nicht?! So wie

$$2 + 2 = 4$$

Natur + Schönheit = Glück.

Für Friedensreich Hundertwasser hat diese Formel am einfachsten ausgedrückt, wie man Glück finden kann. Eigentlich, wie man glücklich werden kann.

Denn Glücklichsein und Glück haben, sind zwei unterschiedliche Dinge.

Wenn man einen Unfall hatte, aber nichts Schlimmes passiert ist, dann sagen die Leute: „Da hast du ja noch mal Glück gehabt" – aber glücklich bist du dann trotzdem nicht.

Glück und Glücklichsein oder die Glückseligkeit sind für jeden Menschen etwas anderes*. Wenn du ein fetziges neues Skateboard geschenkt bekommst, bist du glücklich. Wenn dein Opa zum Geburtstag ein Skateboard bekommt, ist er vielleicht nicht ganz so glücklich darüber wie du.

Für Hundertwasser waren es Natur und Schönheit, die ihn glücklich machten.
Er sagte:

"Es ist alles da, um glücklich auf Erden zu sein. Wir haben Schnee und jeden Tag einen neuen Morgen, wir haben Bäume und Regen, Hoffnung und Tränen. Wir haben Humus und Sauerstoff, Tiere und alle Farben, ferne Länder und Fahrräder, wir haben Sonne und Schatten, wir sind reich."

Links: Hundertwasser im neuseeländischen Urwald, 1994

Du kannst ja mal überlegen, was diese Begriffe für dich bedeuten, es aufschreiben oder aufzeichnen.

NATUR: Wie fühlst du dich dort? Wie wichtig ist sie für dich? Was magst du in der Natur? - Vielleicht, dass du so schnell und so weit laufen kannst, wie du möchtest, dass du auf Bäume kraxeln kannst, dass du ein herrliches Bad in einem See nehmen kannst, dass es regnen und schneien kann? Was noch?

SCHÖNHEIT: Was findest du schön? Es gibt sicherlich Bilder, Gegenstände oder Menschen, die du schön findest. Farben können schön sein. Aber vielleicht ist es auch schön, ein Fest zu feiern, eine Geschichte zu hören, zu wilder Musik zu tanzen, in Ruhe ein Puzzle zu lösen? Was ist alles für dich schön?

GLÜCK: Was ist Glück für dich und wann bist du glücklich? Weißt du, wann du am allerglücklichsten warst?

Wenn du Lust hast, kannst du dir auch die Gegenteile überlegen. Zum Beispiel: Was finde ich ganz ultra hässlich, grässlich, so richtig igitt igitt igitt? Was bedeutet Unglück für dich, wann bist du gar nicht froh?

Hundertwasser hat einmal gesagt:

„Schönheit ist ein Allheilmittel."

Also eine Art Medizin, die alles heilen kann. Er hat damit nicht wirklich Krankheiten gemeint wie Husten und Schnupfen, sondern das was uns in der Seele krank macht.

Ach, du heilige Scheiße!

Ein Kreislauf ist etwas, das immer wieder von vorne beginnt:

Es läuft und läuft und läuft ohne Anfang, ohne Ende, immer im Kreis herum. **Es gibt viele Kreisläufe in der Natur.** Wenn das Wasser des Meeres, der Flüsse und Seen durch die Wärme der Sonne verdampft, dann steigt es auf in die Luft. Oben am Himmel sammelt sich dann das Wasser zu einer Wolke und aus der Wolke regnet es wieder herab in die Meere, Seen und Flüsse, und von dort aus geht es wieder von vorne los.

692A THE RAIN FALLS FAR FROM US (Der Regen fällt weit von uns), 1972

Überlege mal, wie genial das alles funktioniert. Die Pflanzen brauchen ja den Regen zum Leben. Bliebe das Wasser immer nur im Meer, würden die Pflanzen verdorren.

Ein großer Kreislauf in der Natur ist der vom Werden und Vergehen.

Eine Pflanze wächst und grünt, blüht, trägt Früchte, wird dürr und stirbt ab. Das ist aber noch kein Kreislauf, oder? Wie kommt es nun, dass alles wieder von vorne beginnen kann?

Die Kerne eines Apfels zum Beispiel sind die **Samen**, aus ihnen wachsen kleine Apfelbäumchen. Was wird aber aus dem Rest? Wenn die Blätter und reifen Äpfel vom Baum fallen und am Boden liegen bleiben, verfaulen sie, zersetzen sich in klitzekleine Teilchen und **werden wieder zu Erde**. Und in diese Erde können wieder Samen fallen und … – den Rest kennst du schon. Das ist der ganze Kreislauf. Wenn ein Apfel aber nicht zu Boden fällt, sondern du ihn aufisst – was geschieht dann? **Ach, du heilige Scheiße!** Natürlich! Daraus macht unser Körper eine braune Wurst und die kacken wir dann ins Klo, spülen und weg ist sie. Weg ist sie? Wohin weg? Was wird daraus?

Schau auf Seite 95!

Wie aus dem Apfel oder den Blättern, so kann aus unserer Kacke Humus entstehen. **Humus** ist sehr nährstoffreiche Erde. Großartig ist das. Wir sind in den Kreislauf der Natur eingebunden, wenn aus unserer Kacke Humus entstehen darf: **Wir holen uns Nahrung aus der Natur und wir geben ihr Nahrung zurück.** Nur, mit dem Wegspülen im Klo geht das eigentlich nicht. Ist zwar praktisch und es stinkt nicht, dafür kommt unsere Scheiße aber auch nicht direkt in die Erde zurück. Wir unterbrechen den Kreislauf! So sind wir auch kein Teil der Natur!

Friedensreich Hundertwasser hat sich auch darüber viele Gedanken gemacht. Er war stets darum bemüht, uns Menschen wieder in Erinnerung zu rufen, dass wir ein Teil eines wunderbaren Kreislaufs sind. Du kannst dir einen gesunden Kreislauf auch vorstellen wie einen Haargummi. Aber wenn er reißt, dann ist er nicht nur ein bisschen kaputt, sondern ganz unbrauchbar geworden.

Um diesen zerschnittenen Kreislauf zwischen Mensch und Natur wieder zu reparieren, hat Friedensreich Hundertwasser sich etwas einfallen lassen. Er hat einen Plan gezeichnet und eine **Humustoilette** gebaut. Sie funktioniert ganz wunderbar und er hat sie auch wirklich benutzt.

DIE HUMUSTOILETTE – KONSTRUKTIONSZEICHNUNG UND GEBRAUCHSANLEITUNG, 1980

Die handschriftliche Zeichnung enthält folgenden Text:

DIE HUMUSTOILETTE ARBEITET AEROBISCH MIT HUMUSBAKTERIEN FEUCHTIGKEIT WÄRME UND LUFT● LUFT MUSS VON UNTEN UND OBEN DURCHZIEHEN KÖNNEN ● WENN FLÜSSIGKEIT IN WANNE KOMMT: ZU NASS● AUFHÖREN FLÜSSIGKEIT ZUZUGEBEN ● WENN ZU TROCKEN MIT WASSER GUT VERTEILT BESPRÜHEN BIS FLÜSSIGKEIT IN WANNE KOMMT● Z.B. MIT WASSERSPRAY● WASSER IN WANNE WIEDER OBENDRAUF GEBEN ODER PFLANZEN GIESSEN● SCHEISSE SOFORT, KÜCHENABFÄLLE WENN SIE RIECHEN MIT FEUCHTEM HUMUS SORGFÄLTIG ABDECKEN● GERUCH UND FLIEGEN VERSCHWINDEN SOFORT● WENN VOLL (2 PERSONEN 2 MONATE) EIN MONAT STEHEN LASSEN ● DANN EINMAL PRO WOCHE UMSCHAUFELN BIS LOCKERER GUTRIECHENDER HUMUS ENTSTEHT● INZWISCHEN EINEN ZWEITEN BEHÄLTER BENUTZEN● GEWONNENEN HUMUS ZUM ABDECKEN WIEDER VERWENDEN● ZUM BEGINN BRAUCHT MAN EINEN SACK FEUCHTEN HUMUS VOM WALD BODEN MIT HALBVERROTTETEN BLÄTTERN ODER VOM BLUMENHÄNDLER● GEWONNENER HUMUS TEILWEISE WIEDER IN DEN WALD ZURÜCKLEGEN● BODEN LÖCHER IN PLASTIK BEHÄLTER MIT EISENROHR BRENNEN

HUNDERTWASSER 1975 — 1980

HUMUS ZUM ZUDECKEN
WASSER SPRAY
↑ HUMUS TOILETTE IMMER OFFEN ↓
FLIEGEN GITTER OBEN
ANTI RUTSCH KLOTZ
BRILLE
MIT HUMUS ZUDECKEN
HUMUS ABFÄLLE
SCHEISSE
HUMUS ABFÄLLE
KÜCHEN ABFÄLLE
SCHEISSE
HOLZ PODEST →
LAUB ALS STARTER
LUFTLÖCHER
TROPF WANNE
← FLIEGENGITTER
INFORMATION BÜRO HAREL 1013 WIEN POBOX 145 TEL 344673

"Ich baue sie, um zu zeigen, wie man Gold aus eigener Scheiße gewinnt, um sich zu freuen, um zu sehen, wie das alles funktioniert, um zufriedener schlafen zu können."

Hundertwasser verwendete an allen seinen Wohnsitzen ein Humusklo

Gold…? Was er damit gemeint hat, war, dass die Scheiße **etwas sehr wertvolles** ist. Sie ist Teil des Lebens. Wenn sie zu Humus werden darf, entsteht daraus wieder neues Leben und das ist ein Wunder.

Der Gartenzwerg

Wenn sich Leute einen Garten anlegen, ein Haus im Grünen bauen, dann stellen sie manchmal Gartenzwerge auf. Hast du schon mal einen gesehen?

Es sind kleine Figuren und man kann sie an ihren Zipfelmützen erkennen. Sie haben Gartenwerkzeug in den Händen und lächeln munter in die Natur.

Friedensreich Hundertwasser hat einmal gesagt:

„Lange vor unserer Geschichtsschreibung haben wir Menschen die Gabe gehabt, mit den Vögeln, mit den Tieren, mit den Pflanzen und den Bäumen, ja sogar mit dem Wasser, den Steinen und den Wolken zu reden, und man verstand sich im gemeinsamen Sprechen. – So steht es geschrieben in den Märchen. Der Gartenzwerg, zusammen mit den Elfen, den Nixen, Gnomen, Riesen und der ganzen Schar von Wunderleuten ist ein letzter Überrest aus jener fernen Urzeit. Heutzutage sind wir zwar sehr gescheit, haben aber die Sprache der Natur verlernt. Deshalb der Zwerg im Garten."

Der Gartenzwerg soll also für uns Menschen mit der Natur reden. Aber was wollen die Menschen der Natur gerne sagen oder was möchten sie fragen?

Auch darüber hat Hundertwasser sich Gedanken gemacht:

„Wenn die Leute den Eindruck haben, der Natur Unrecht zu tun, stellen sie als Entschuldigung den Gartenzwerg auf. Er ist klein, weil Gras und Blumen klein sind; er ist kleiner, damit er besser mit den Schnecken, den Tieren und Pflanzen reden kann. Wir können es nicht mehr."

Schau auf Seite 94!

In seinen Plakaten setzte sich Hundertwasser für die Erhaltung der Natur ein:

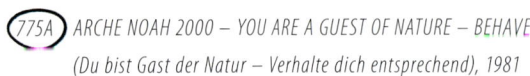 *ARCHE NOAH 2000 – YOU ARE A GUEST OF NATURE – BEHAVE*
(Du bist Gast der Natur – Verhalte dich entsprechend), 1981

 *HAINBURG DIE FREIE NATUR IST UNSERE FREIHEIT, 1984*

Warum hat Friedensreich Hundertwasser wohl gemeint, die Menschen täten der Natur Unrecht?
Du hast sicherlich schon von der **Umweltverschmutzung** gehört. Sie entsteht zum Beispiel,
weil wir Menschen sehr viel Müll produzieren und diesen Müll wird man nicht so einfach los.
Und manchmal ist es nicht nur so, dass er unansehnlich in der Gegend herumliegt, sondern auch,
dass er der Natur schadet und sie vergiftet.

Hundertwasser hat sich das so gedacht:

> „Wenn der Mensch ein reines Gewissen haben möchte, muss er die
> abfallfreie Gesellschaft anstreben. Er ist Gast in der Natur und muss
> sich dementsprechend benehmen. Wir sind alle für unseren Müll
> verantwortlich. Das Sortieren und Wiedereingliedern der Abfälle ist
> eine schöne und frohe Tätigkeit."

 SAVE THE WHALES (Rettet die Wale), 1982  AMONG TREES YOU ARE AT HOME (Unter Bäumen bist du zu Hause), 1999 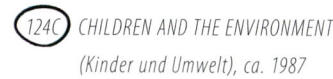 CHILDREN AND THE ENVIRONMENT (Kinder und Umwelt), ca. 1987

Da reicht es nicht, wenn man sich durch einen Gartenzwerg entschuldigen lässt, sondern **da muss man etwas tun!** Hundertwasser hat sich sehr für die Erhaltung der Natur eingesetzt. Neben seinen Erfindungen auch mit seinen Möglichkeiten als Maler: Er hat Plakate entworfen.

Wir müssen uns um die Natur kümmern und sorgen. Das Wasser soll sauber sein, die Pflanzen gesund und die Tiere sollen ein gutes Leben führen dürfen. Darauf müssen wir Menschen achten. Denn die Natur gibt uns sehr viel. Sie gibt uns Nahrung und Kleidung, die Luft zum Atmen, Wasser zu trinken. Aus dem Holz der Bäume bauen wir Häuser und Brücken, es wird daraus aber auch Papier gemacht, auf dem zum Beispiel dieses Buch gedruckt ist, oder die Bleistifte, mit denen du zeichnen und schreiben kannst. Alle Rohstoffe, die wir brauchen, holen wir aus der Natur.

Der liebe Lange Tag

Hopp hopp, 1, 2, 3!

Und jetzt aber flott, wir wollen doch keine Zeit verlieren!

Was ist denn los, warum geht es hier nicht weiter?

Zeit ist Geld.

Bleib nicht immer stehen.

Trödle nicht so herum.

Kannst du nicht ein bisschen schneller machen?

So ein Tagedieb!

Ja, was tust du denn den lieben langen Tag?

Bist du immer noch nicht fertig?

Schnell, schnell, schnell!

Ich habe nicht ewig Zeit!

Meine Güte, wie lange dauert denn das jetzt noch?

Ob Leute, die so sprechen, wirklich einen lieben langen Tag haben? Sie haben es **eilig**, wollen viele Dinge erledigen, **hetzen** von einem Ort zum anderen. Sie sagen, sie haben keine Zeit. Und je mehr sie sich eilen, desto kürzer und unerfreulicher scheint ihr Tag zu werden. **Anscheinend kann man entweder Zeit verlieren oder sich Zeit lassen.**

Hundertwasser hat sich für seine Werke, seine Gedanken und seine Träume **Zeit genommen**. Du weißt ja schon, dass er manchmal über Jahre an Bildern gemalt hat. Da kann es nur erstaunen, wie viele Bilder, Plakate, Drucke, Grafiken, Briefmarken, Häuser, Fahnen, Münzen, Schriften er geschaffen hat. Das wirkt wie Zauberei. Denn von allen Ecken hört man, es sei notwendig, sich zu beeilen, um etwas zu erreichen.

Die schönsten Dinge aber brauchen ihre Zeit.

Am Beispiel von Pflanzen kann man das gut verstehen. Fällt ein Samen in die Erde, beginnt er dort zu keimen. Er wächst und **irgendwann** einmal brechen kleine Blättchen durch den Boden. Bis daraus eine blühende Blume wird, die uns durch ihren Duft und ihre Farben erfreut, **vergehen noch Wochen**. Wird aus dem Samen jedoch ein Apfelbaum, müssen wir **viele Jahre** geduldig sein, bis wir einen Apfel ernten können.

895   DAS GRAS MARSCHIERT, 1987

Um einem Samen beim Keimen und Wachsen zusehen zu können, eignet sich Kresse hervorragend. Die Samen kann man in jedem Supermarkt kaufen. Zu Hause nimmst du etwas Watte, machst sie nass und legst sie auf eine Untertasse. Darauf kommen dann die Kressesamen. Schon nach einer Stunde hat sich um jedes Korn eine geleeartige Hülle gebildet. Halte deine Samen die nächsten Tage immer gut feucht und du wirst beobachten können, wie sie sprießen und gedeihen. Ist die Kresse etwa sieben Zentimeter hoch, kannst du sie ernten, einen Salat damit verfeinern oder sie dir auf einem Butterbrot gut schmecken lassen.

Bilder zu malen ist auch ein Wachstumsvorgang.

Ein Gedanke, ein Gefühl, ein Satz, den jemand gesagt hat, oder irgendetwas anderes löst im Maler das Bedürfnis aus, ein Bild zu malen. Er weiß noch nicht wie, aber **der Samen ist in den Boden gefallen und hat zu wachsen begonnen.** Um sich auf das Malen vorzubereiten, hat Friedensreich Hundertwasser Papier und Farben vorbereitet oder schon mal eine Leinwand bespannt. Dann entstanden ein paar Linien oder Flächen, so als würden die ersten Triebe einer Pflanze durch die Erde brechen. **Und so verschieden wie Pflanzen waren auch seine Bilder,** manche sind schon nach kurzer Zeit erblüht und manche brauchten Jahre, um zu ihrer endgültigen Form zu finden.

Jeder Mensch hat **seine eigene Art,** mit der Zeit umzugehen. Manche genießen es, Dinge l a n g s a m zu tun, auszukosten, womit sie beschäftigt sind, anderen wiederum entspricht es viel mehr, etwas kurz und knapp zu erledigen und danach ein Päuschen einzulegen.

Nur Menschen, die gar keine Pausen machen, keine Zeit finden, etwas in sich keimen zu lassen, werden schwer etwas Neues erschaffen können. Sie wollen wahrscheinlich immer auf dem schnellsten Weg von A nach B. Sie brauchen die geraden Linien, die Straßen ohne Kurven, die man ohne Geschwindig-keitsbegrenzung befahren kann.

Hundertwasser in seinem Atelier in Wien, Spiegelgasse, August 1973

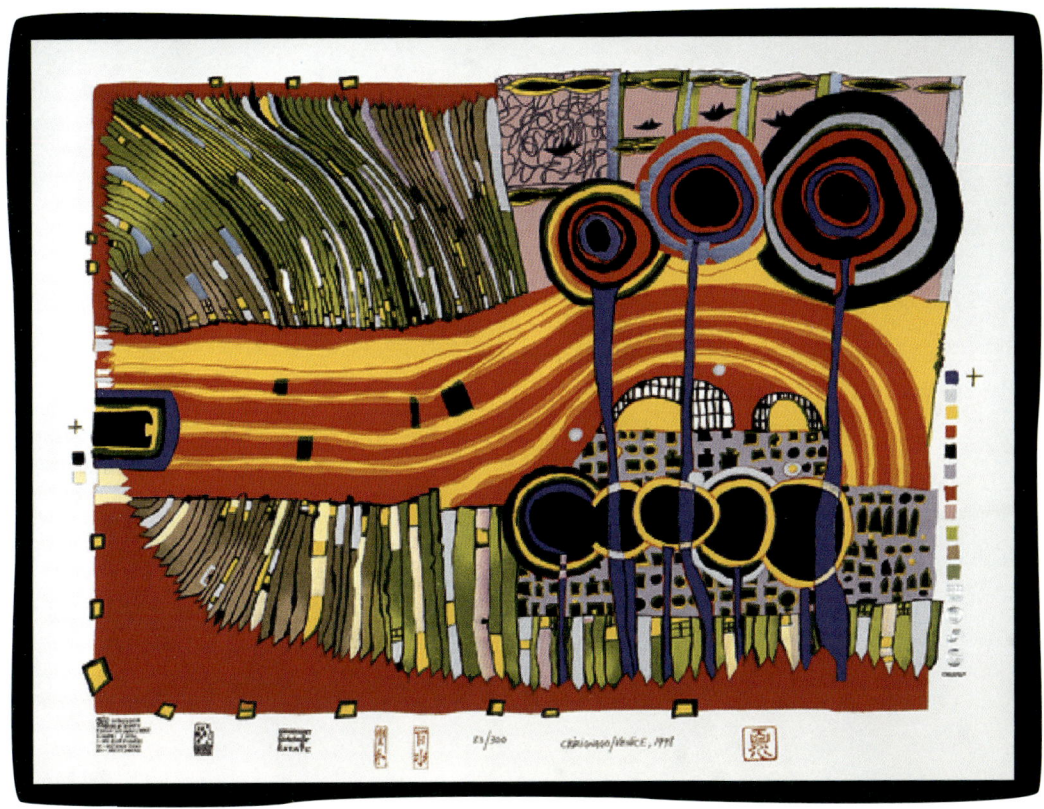

(964) *DER ZAUN – DAS KLEINE SCHÖNHEITSHINDERNIS, 1988*

Hundertwasser wollte überall Schönheitsbarrieren einbauen: entweder soooooo schöne Dinge am Wegesrand platzieren, dass man einfach stehen bleiben muss, oder Hindernisse, die bewirken, dass man langsamer wird, um die Schönheiten des Lebens überhaupt wahrnehmen zu können.

Wie ein umgefallener Baum auf einem Wanderweg. Er hält uns auf. Darüber muss man nicht murren, man kann sich auch freuen. Vielleicht entdeckt man auf dem Umweg, den man gehen muss, etwas, das einem ansonsten sicherlich entgangen wäre. Eine schöne Blüte, einen besonderen Baumschwamm oder einen kleinen Frosch. Wer weiß? Der Baum ist ein Hindernis, das uns aufhält und uns dabei Schönheiten zeigt, die wir in der Schnelligkeit übersehen hätten.

Er ist ein Schönheitshindernis.

Schau auf Seite 96!

Einmal um die ganze Welt

Hundertwasser vor seinem Schiff Regentag, 1989

Reisen ist eine wunderbare Sache. Man packt seinen Koffer und macht sich auf den Weg. Die einen verreisen mit dem Auto oder per Flugzeug, andere fahren mit dem Fahrrad drauf los oder nehmen den Zug. Sogar zu Fuß kann man schon kleine Reisen antreten.

Es ist aufregend, sich in unbekannte Gegenden und zu fremden Städten aufzumachen. Wie wird es dort aussehen? Was für Leute leben dort? Kann ich etwas Neues kennen lernen? Die neugier führt dich auf Entdeckungsreise in ein unbekanntes Land. Friedensreich Hundertwasser ist viel gereist. Das Ziel seiner ersten großen Reise war Italien, dort traf er einen Künstler aus Frankreich, der einer seiner besten Freunde wurde – René Brô.

Hundertwasser mit seinem Maler-Freund, René Brô, vor einem gemeinsam gemalten Wandbild, St. Mandé, 1950

Er lebte in **Frankreich**, genauer in Paris. Hundertwasser folgte ihm dorthin, denn Paris war zu dieser Zeit für viele Künstler ein wichtiger Ort. Er hat einige Zeit dort gelebt und gearbeitet. Doch es trieb ihn wieder fort. Immer weiter und weiter, durch die ganze Welt ist er gefahren. Er reiste im Laufe seines Lebens rund um den Erdball ... ist aber oft nach Österreich zurückgekehrt.

Hundertwasser mit seiner damaligen Frau, Yuko Ikewada, auf einer Reise mit der Transsibirischen Eisenbahn, 1961

Hundertwasser auf Reisen

in Tokio, 1961

in Venedig

vor dem Palais Idéal von Facteur Cheval, 1995

Hundertwasser während einer Baummieter-Aktion in Mailand, 1973

im Sudan, 1967

auf dem Rio Negro in Brasilien, 1977

Die Welt ist groß und jedes Fleckchen Erde sieht anders aus.

Wer sich auf große Fahrt begibt, lernt fremde Kulturen und Menschen kennen.

Als Besucher vieler Länder wurde Hundertwasser reich mit Eindrücken und Ideen,

mit Freundschaften und dem Anblick seltener naturschauspiele beschenkt.

Er hat auf seinen Reisen gemalt und so seine Erlebnisse sichtbar gemacht.

665 *AUF DEN ROTEN STRASSEN DER MONDBERGE, 1967*

Im Austausch dazu hat er überall seine Botschaft verbreitet:

Die Erde kann ein Paradies sein und die Menschen glückliche Könige im respektvollen

Zusammenleben mit der Natur. In einigen Staaten bekam er den Auftrag

seine Visionen umzusetzen. So hat er Gebäude entworfen und Bäume gepflanzt,

1980 startete Hundertwasser eine Baumpflanzung in Washington.

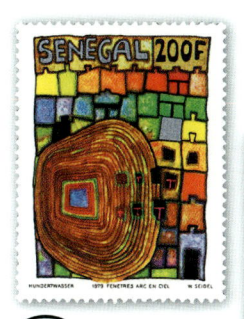

785A *REGENBOGENFENSTER, 1979*

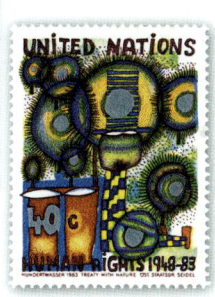

847B *FRIEDENSVERTRAG MIT DER NATUR, 1983*

557F *DO NOT WAIT HOUSES – MOVE, 2000*

657A *NOCHE DE LA BEBEDORA (Die Nacht der Trinkerin), 1967*

770A *DER DAMPFER VON KAP VERDE, 1982*

Briefmarken gestaltet, wie es schon sein Kindheitstraum war, und Fahnen erfunden.

862 *KORU FAHNE FÜR NEUSEELAND, 1983*

863 *FRIEDENSFAHNE FÜR DAS GELOBTE LAND, 1978*

Eines Tages wollte er ganz für sich sein. Er hat ein Boot gekauft, hat es repariert und verändert. Als es fertig war, um in See zu stechen, gab er ihm einen Namen. Er hat es REGENTAG getauft.

> „Auf so einer Reise sieht man ja hauptsächlich den Horizont. Der Horizont ist ein großer Anhaltspunkt. Der Horizont ist etwas, an das man sich klammern kann. Der Mensch braucht eigentlich nur noch den Horizont. Alles andere kann er dazuerfinden."

Hundertwasser auf seinem Schiff Regentag

> „Segel können viele Farben haben:
> rot und grün, gestreift und kariert. Wenn ich
> Segel sehe, denke ich an die große Reise."

Weißt du, was der **Horizont** ist? Das ist die entfernteste Linie, die wir sehen können – genau dort, **wo Himmel und Erde zusammenstoßen**. Besonders auf dem **Wasser** kann man sehr weit sehen. Man erfährt ein Gefühl der **Weite und Freiheit**, wenn der Blick schier unendlich weit schweifen kann.

Am liebsten möchte man selbst gleich aufbrechen und losfahren. Wenn man von **Abenteuerlust** gepackt wird, spürt man ein Ziehen in der Brust, es ist fast ein kleiner Schmerz. Man nennt das **Fernweh**. Ist nicht so schlimm wie Zahnweh, aber man spürt es.

Schau auf
Seite 96!

ANTIPODISCHE INSEL, 1975

Wenn man nun nicht wegfahren kann, kann man immer noch tagträumen. In der **Welt der Phantasie** sind den Reisen keine Grenzen gesetzt! Alles, was du brauchst, ist ein Horizont. Darüber kannst du deinen Himmel erfinden. Vielleicht suchst du dir eine Schiffsreise aus. Du fährst bei Sonnenschein los, doch bald schon türmen sich dunkle Gewitterwolken über dir und sofort ist ein Abenteuer zu bestehen. Und wohin führt dich deine Phantasiereise? Segelst du durch die Südsee? Oder kannst du dich im Polarmeer gerade noch auf einen Eisberg retten? Aber nein, unter deinen Füßen spürst du plötzlich keine Schiffsbohlen mehr, anscheinend sitzt du gerade auf einem Esel, es ist dein treues Lasttier Leopold, das dir schon auf manchen deiner Entdeckungsreisen treu gedient hat. Wo geht die Reise heute hin?

Du könntest die **Erinnerungsfotos** deiner aufregendsten Auslandsaufenthalte **selbst zeichnen**. Nimm ein Stück Karton, so groß wie eine Postkarte, und male darauf. Auf die Rückseite kannst du auch eine Nachricht oder schöne Grüße schreiben. Auf einer Pinnwand oder in einem besonderen Album kannst du diese Karten sammeln.

Oder du schreibst deine Adresse drauf, frankierst die Karte und schickst sie richtig auf dem Postweg an dich. Da kannst du dann fieberhaft warten, ob der Abenteurer oder die Expeditionsteilnehmerin in dir endlich wieder einmal schreibt.

998B SPIRALE AUF POSTKARTE, 1956

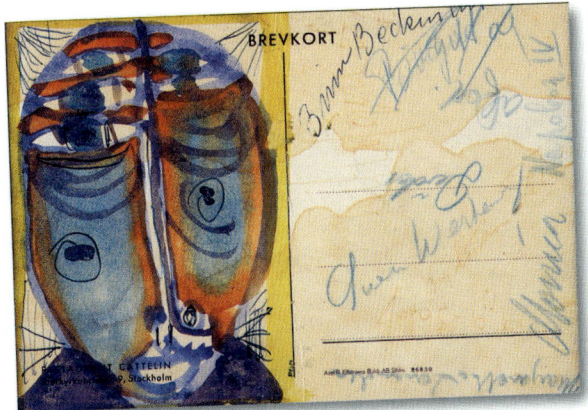

998A KOPF AUF POSTKARTE, 1956

Friedensreich Hundertwasser hat sich aber auch auf fester Erde eine **schöne neue Heimat** gesucht. Als er noch ein Kind war, hat ihm seine Mutter Geschichten erzählt, auch über ferne Länder. Er erinnerte sich später:

„Über Neuseeland hat sie berichtet, dass dort das Land sehr schön ist,
die Menschen sehr gut und dass dort keine Kriege sind."

Hundertwassers Mountain Hut (Berghütte) auf seinem Land in Neuseeland, fertiggestellt 1995

Nach einem **besonderen Ort in der Welt** hat er gesucht und ihn wirklich in Neuseeland gefunden. **neuseeland** heißt in der Sprache der Urbevölkerung **"Ao Tea Roa"– Land der weißen Wolke.**

Dort, an einem verträumten Flüsschen, hat sich Friedensreich Hundertwasser ein Haus gebaut, unmittelbar in der wilden und ursprünglichen Natur.

„Wer hier an Land geht, kommt in eine andere Welt…"

Hundertwassers „Bottlehouse" (Flaschenhaus) auf seinem Land in Neuseeland, 1979 errichtet mit Glasflaschenwänden und Grasdach

Hier fühlte er sich zu Hause, konnte malen und sinnieren und sein, was er am liebsten war, ein **Maler und Magier der Pflanzen, ein Zauberer**, der ein Gemälde mit magischer Vegetation füllt.

Der von Hundertwasser 1994/95 umgebaute Pigsty (Schweinestall) auf seinem Land in Neuseeland: Die Wände sind mit Erdfliesen und Brennholzstücken gestaltet.

Hundertwasser im neuseeländischen Urwald, um 1974

Abschied

Die Geheimnisse sind gelüftet. Auf deiner Reise durch die Welt des Malerkönigs hast du einen neuen Namen bekommen, bist an Regentagen durch die Natur getanzt, hast Schätze geborgen, Spiralen entdeckt und hoffentlich Lust auf noch viel mehr bekommen.

Ein ganzes Buch lang, wie versprochen, haben wir uns mit der Kunst und den Ideen von Friedensreich Regentag Dunkelbunt Hundertwasser beschäftigt.

Er will dir Mut machen, dich zu entwickeln, deinen eigenen Kopf zu nutzen und die Welt mitzugestalten. So kann sie zu einem wunderbaren Paradies werden, in dem jeder König oder Königin sein darf.

Hundertwasser gestaltet die Bausteine für ein Architekturspiel.

Hundertwasser als Kind,

beim Malen,

bei einer Wanderung durch das Kaurinui Tal in Neuseeland, 1999.

als junger Mann mit einem Kind,

FREDERICKS FARM, 1978

Friedensreich Hundertwasser

Maler – Architekt – Ökologe – Vordenker

1928 geboren in Wien,

2000 gestorben auf dem Weg von Neuseeland nach Europa

an Bord der Queen Elizabeth 2.

Sein Leben war seine Botschaft.

14. Auflage 2025
© 2007 Prestel Verlag, München · London · New York,
in der Penguin Random House Verlagsgruppe GmbH
Neumarkter Straße 28 · 81673 München
produktsicherheit@penguinrandomhouse.de
(Vorstehende Angaben sind zugleich Pflichtinformationen nach GPSR)
© für die Werke von Friedensreich Hundertwasser bei Namida AG, Glarus,
Schweiz, 2025
© für die Texte von Friedensreich Hundertwasser bei Hundertwasser Archiv,
Wien, 2025
www.Hundertwasser.com, office@harel.at

Bildnachweis:
Die Bildvorlagen wurden uns freundlicherweise vom Hundertwasser Archiv,
Wien, zur Verfügung gestellt oder stammen aus dem Archiv des Prestel Verlags.
Rolf M. Aagaard: 45; Baar: 86 unten links; Gerhard Deutsch: 49;
Johann Klinger: 12, 15, 72;
Hubert Kluger: 58-59; Doris Kutschbach: 9, 18, 19 oben, 28, 42 rechts, 43;
Peter Mosdzen: 50, 51, 53, 54;
Sanjiro Minamikawa: 4, 34, 36; Ernst Schauer: 52; Alfred Schmid: 60,
86 oben rechts; Shunk-Kender: 16; Richard Smart: 85
oben; Gerhard Krömer: 20; Vogue: 45; Ludwig Windstosser: 19 unten, 48;
Konrad Wothe: 42 links; www.zwergshop.ch: 67.
Das Cover wurde gestaltet unter Verwendung eines Fotos von
Sanjiro Minamikawa und des Werkes von Hundertwasser
532 Der Löwe von Venedig, 1962.
Die für die Planung der abgebildeten Hundertwasser-Architekturen
verantwortlichen Architekten sind:
Wohnhausanlage der Gemeinde Wien, Hundertwasser-Haus,
Österreich: Idee und Konzept: Friedensreich Hundertwasser,
Originalmiturheber em. o. Univ.-Prof. Arch. DI Josef Krawina,
Planung: Arch. DI Peter Pelikan
Die Wald-Spirale von Darmstadt, Deutschland:
Architekt Heinz M. Springmann
In den Wiesen Bad Soden, Deutschland: Architekt Peter Pelikan
Fernwärmewerk Spittelau, Wien/Österreich: Waagner Biró – Marchart,
Moebius & Partner, Wien; Planung Fassade: Architekt Peter Pelikan

Die grüne Zitadelle von Magdeburg, Deutschland: Architekt Peter Pelikan,
Bauausführung: Architekt Heinz M. Springmann

Lektorat: Doris Kutschbach
Assistenz: Christiane Weidemann
Gestaltung und Herstellung: Michael Schmölzl,
agenten.und.freunde, München
Lithografie: Repro Ludwig, Zell am See
Druck: Neografia a.s., Slowakei

Penguin Random House Verlagsgruppe
FSC® N001967

Printed in Slovakia

ISBN 978-3-7913-3557-5
www.prestel-junior.de

Ideen zum Basteln, Malen und Experimentieren ...

Lass dich inspirieren!
Möchtest du einmal einen Verrottungsvorgang genau beobachten?
Ein Schachtelhaus bauen? Oder mit Farben, Pinsel, Stiften, Schere und anderen Materialien kreativ werden?

Hier findest du eine Menge Vorschläge, wie du dich von Hundertwassers Ideen und Werken anregen lassen kannst.

Deine Schatztruhe

* lies nach auf Seite 9

Hast du auch eine Briefmarkensammlung? Oder schöne Steine, Muscheln,
Flummies, Radiergummis ...?
Hast du Lust, für deine Schätze eine richtig tolle Schatztruhe basteln?

Du könntest dafür eine Pappschachtel oder ein kleines Holzkistchen verwenden, das du im Haushalt findest.
Je nachdem, wie geheim es sein soll, darfst du entweder nur die Innenseite oder auch das Äußere verzieren.
Als Material eignen sich Geschenkpapiere, Stoffe, Bordüren, Knöpfe, glänzende Metallfolien wie Alufolie,
Fotos oder Bilder aus Illustrierten, die aufgeklebt werden.

Alles was du schön findest, kannst du in deiner Schatztruhe aufbewahren. Wenn du dich traurig fühlst oder einen Tag nicht leiden kannst, hol die Kiste hervor und schau dir deine schönen Schätze an. Das wird dir ein bisschen helfen.

Farben fühlen

* lies nach auf Seite 28

Farbe und Farbe ist nicht das Gleiche! Je nach den verwendeten
Materialien fallen deine Bilder ganz unterschiedlich aus.

So kannst du den Unterschied zwischen den verschiedenen Kreiden, Stiften, Farben, Pinseln, Papieren und allem anderen, das dir noch einfällt, sehen und spüren:
Male das gleiche Bild – ein Auto, einen Baum, deine Familie, einfach was du gerne malen
möchtest – mehrmals mit unterschiedlichen Materialien.
Wie fühlt sich das an, wenn du mit einem Pinsel malst oder mit einem Filzstift zeichnest,
mit Bleistift und Kugelschreiber? Welcher Untergrund, welches Papier passt für dich am
besten zu welchem Material? Brauchst du für Fingerfarben oder für Kreiden mehr Platz auf
deinem Blatt? Wie verändert sich das, was du malst?

Frottage

* lies nach auf Seite 43

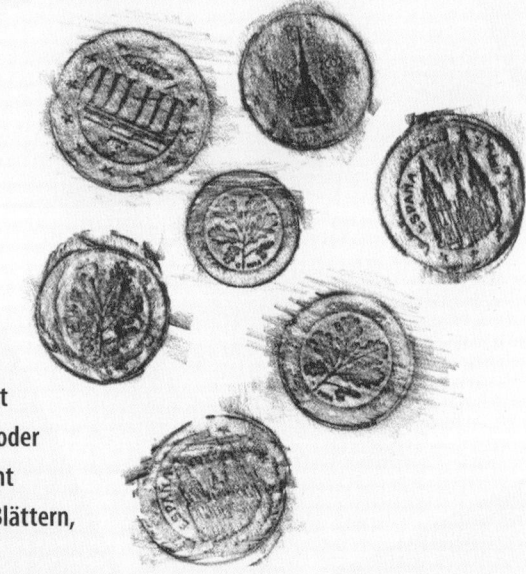

Das ist eine tolle Technik, mit der man die Oberfläche und Struktur eines
Gegenstandes sichtbar machen kann. Wenn dir eine Oberfläche interessant
erscheint, legst du ein Blatt Papier darüber und fährst mit einem Bleistift oder
einem Buntstift leicht über die ganze Fläche. Wie von Zauberhand erscheint
ein Muster auf deinem Blatt. Schöne Ergebnisse erzielt man mit Münzen, Blättern,
Holzböden und unterschiedlichen Geweben.
Mach dich auf die Suche nach verschiedenen Mustern! Dein Tastsinn hilft dir dabei.

Bunt, bunt, bunt

* lies nach auf Seite 39

Dunkelbunt waren Hundertwassers Lieblingsfarben. Und was sind deine?

Farben wirken ganz unterschiedlich, je nachdem, wie man sie zusammenstellt. Probiere einmal aus,
wie zum Beispiel ein helles Rot neben verschiedenen anderen Farben wirkt: Zusammen mit Grün
leuchtet es besonders kräftig.
Und wie ist das mit Gelb?

Welche Farbklänge magst du am liebsten?
Hast du es gerne, wenn mehrere ähnliche Farben zusammenstehen? Probiere das vielleicht
mal mit einem Wasserbild aus verschiedenen Blautönen.
Oder liebst du es kunterbunt – grün, rot, blau und gelb in wilder Mischung?
Magst du lieber zarte, helle Farben?
Oder bevorzugst du kräftige Töne?

Hier sind zwei Tipps für besonders leuchtende Bilder:

Male ein Bild in deinen Lieblingsfarben mit Ölkreiden oder Wachsmalkreiden.
Wenn du fertig bist, übermale das Ganze mit schwarzer oder dunkelblauer Wasserfarbe.
Dort, wo du mit den fettigen Kreiden gemalt hast, wird die Wasserfarbe nicht
aufgenommen – die bunten Linien leuchten schön vor dem dunklen Grund!

Eine wunderschöne Leuchtkraft haben auch Zuckerkreiden: Dafür musst du farbige
Tafelkreiden mehrere Stunden in Zuckerwasser legen, bis sie sich vollgesogen haben
und sich ganz feucht anfühlen. Male damit auf dunklem Tonpapier.
Erst sieht das gar nicht so toll aus, aber sobald die Kreiden auf dem Papier trocknen,
fangen sie an zu strahlen!

Deine zweite Haut:

Gestalte dir ein T-Shirt selbst!

* lies nach auf Seite 45

Du wünscht dir etwas ganz Einzigartiges zum Anziehen?
Sprich mit deinen Eltern: Es gibt ein paar gute Möglichkeiten, aus einem einfarbigen
T-Shirt ein unverwechselbares, sehr persönliches Kleidungsstück zu machen:

Mit Textilfarben kannst du direkt auf den Stoff malen und das Bild
bleibt auch nach dem Waschen noch sichtbar.
Lege ein Stück Karton oder Plastikfolie zwischen die Stofflagen,
bevor du beginnst, damit die Farbe nicht durchsickert.

Es gibt auch ein spezielles Papier, auf das man mit normalen Stiften oder Wachsmalkreiden malen kann. Das Bild
wird anschließend auf den Stoff aufgebügelt.
Es erscheint spiegelverkehrt auf dem T-Shirt – Achtung bei Schriften!

Du kannst auch eine kleine Collage aus Selbstgezeichnetem, Fotos und anderen Bildern machen.
Schneide alles so aus, wie es dir gefällt, und klebe es auf ein Blatt Papier. Mit dieser Vorlage kannst du in einen
Copyshop gehen, wo die Collage auf ein T-Shirt kopiert wird. Das geht schnell, kostet aber etwas.

Mosaik

* lies nach auf Seite 59

Hast du schon einmal ein Mosaik gesehen? Ein Mosaik ist ein Bild, das aus
lauter einzelnen Teilchen zusammengesetzt ist. Die Teilchen bestehen
üblicherweise aus Stein, Glas oder Keramik. Schon seit Jahrhunderten
werden so Böden, Wände oder Gegenstände verziert.

Um es zu Hause auszuprobieren, ist es jedoch einfacher, aus Buntpapier oder Fotos aus Illustrierten kleine Schnipsel
zu schneiden. Sortiere sie nach Farben. Dann brauchst du ein Blatt Papier und eine Tube Klebstoff. Lege nun aus den
kleinen Teilen ein schönes Motiv. Das funktioniert beinahe wie ein Puzzle. Wenn du mit deinem Bild zufrieden bist,
kannst du die Schnipsel festkleben.

Ein Haus für dich allein

* lies nach auf Seite 56

Wie würde das aussehen? Ganz hoch und dünn, niedrig und breit?
Rund oder eckig? Mit Türmchen und Schnörkeln?

Erfinde ein Haus und baue ein Modell davon!
Als Baumaterial eignen sich bestens gefundene oder weggeworfene Sachen:
Käseschachteln, Waschmittelkartons, Zahnstocher, Milchtüten, Kaffeedosen,
Joghurtbecher, Styropor ....
Du wirst vieles finden, das sich wunderbar macht, um deine Phantasien umzusetzen.

Die Fassade kannst du mit Papier bekleben und danach bemalen oder anderswie verzieren.
Wenn dir das Spaß macht, steht der Gestaltung einer ganzen Stadt nichts im Wege.

Das Schachtelhaus

* lies nach auf Seite 58

Hast du Lust, ein Schachtelhaus zu bauen?
Am besten eignen sich dafür Schuhkartons. Wenn du in den Boden der
Schachteln Fenster schneidest und sie danach übereinander stellst, hast du
eine Art Wohnblock.

Dann kannst du mit unterschiedlichen Materialien die Fenster und die Wände der
Zimmer gestalten. Du kannst malen oder Stoff aufkleben, Silberfolie anbringen oder
Knöpfe annähen, ganz wie du willst und was dir gefällt. Wer möchte in dieses Haus
einziehen?

Dein eigenes Fenster

* lies nach auf Seite 53

Wie würde ein Fenster
aussehen, das du ganz nach
deinem eigenen Geschmack
gestaltest? Hier kannst du
deine Ideen ausprobieren!

Naturgeist

* lies nach auf Seite 67

Wenn du einen Spaziergang oder eine Wanderung machst, kannst du dir Material aus der Natur holen,
um deinen eigenen Naturgeist zu erfinden. Es muss ja kein Gartenzwerg werden. Es könnte ein Berg-
troll oder eine Wasserfee werden oder ein Wesen, das du dir ganz neu ausdenkst.

Aus Zweigen und Blättern, Rinde, Moos und Steinen, aus Grashalmen, Kastanien und Tannen-
zapfen lässt sich wunderbar eine Figur bauen. Ein Stück Bindfaden oder Leim helfen sicherlich
dabei, die einzelnen Teile zu verbinden.

Du kannst so einen Geist aber auch zeichnen. Da kannst du gleich dazumalen, wie er wohnt
und wie seine Freunde aussehen.

Verrottungsexperimente

* lies nach auf Seite 65

Vielleicht möchtest du ja gerne einmal zusehen, wie so ein Verrottungsvorgang vor sich geht?

Dafür brauchst du ein leeres Gurkenglas und Erde. Die Erde füllst du in das Glas, bis der Boden 2-3 cm hoch bedeckt ist. Darauf kannst du dann ein zerkleinertes Salatblatt legen und eine Apfelscheibe oder einfach Küchenreste wie Kartoffelschalen. Gib ein paar Tropfen Wasser dazu, aber nicht zu viel, es soll auf keinen Fall schwimmen. Dann schraube den Deckel drauf. Das ist zwar für die Verrottung nicht wichtig, aber dafür, dass es nicht stinkt und du mit deinem Experiment keine Fliegen anlockst.
Die lieben nämlich den Geruch von faulenden Dingen. Hie und da solltest du das Glas entlüften.

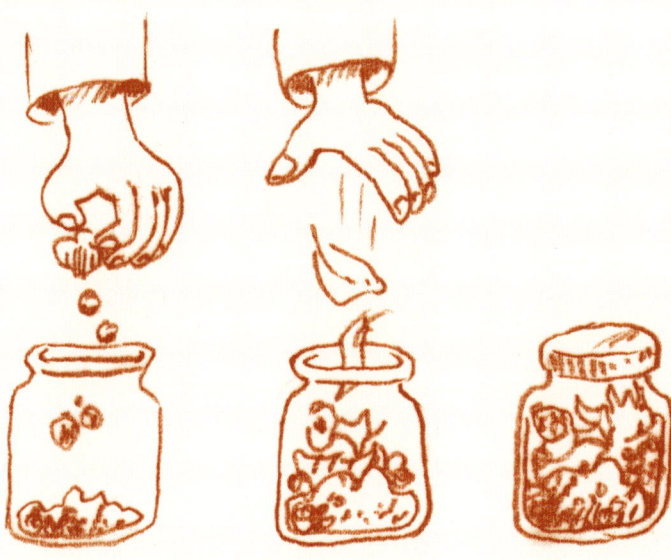

Beobachte, was nun vor sich geht. Es ist ein Versuch, der Geduld braucht. Du wirst nicht sofort am nächsten Tag etwas bemerken. Du kannst dir auch ein Verschimmelungstagebuch machen und wie ein Forscher deine Beobachtungen eintragen.

Wenn der Vorgang abgeschlossen ist oder du zum Beobachten keine Lust mehr hast, wirf dein Experiment nicht in den Müll, sondern bringe dein Ergebnis wieder in die Natur zurück! Das ist, was Hundertwasser uns mitteilen wollte: Wir haben teil an der Natur.

Schönheitsbarriere

* lies nach auf Seite 73

Auch du kannst eine Schönheitsbarriere machen.
Du brauchst dafür nur ein paar farbige Straßenmalkreiden. Male vor dem Haus, in dem du wohnst, auf dem Gehweg ein schönes Bild. Voilà, das Hindernis ist fertig!

Beobachte, wie die Passanten darauf reagieren. Wer bleibt stehen, wer geht rundherum und wer hat keine Augen für dein Bild und latscht einfach darüber?

Sehnsuchtsboot

* lies nach auf Seite 81

Um das Fernweh etwas zu lindern, kannst du ein Sehnsuchtsboot falten. Wie das geht?
Du malst, zeichnest und schreibst deine Wünsche und Sehnsüchte auf ein Blatt Papier.
Du kannst dafür die Vorder- und die Rückseite verwenden. Falte es wie in der Anleitung zu einem Papierschiffchen. Wenn du an einem fließenden Gewässer vorbeikommst, setze dein Boot frei. So können deine Wünsche schon mal auf Reisen gehen.

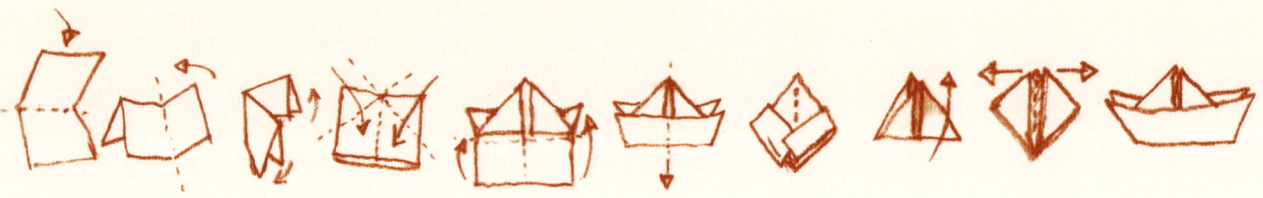

Dein Schiff, deine Segel

* lies nach auf Seite 81

Hättest du ein Schiff mit dem du die Meere befahren könntest, wie sähen die Segel aus? Wären es buntgemusterte oder schwarze – wie die eines Piratenschiffs oder rosarote Blümchensegel?
Male das Segelboot deiner Träume und gibt ihm einen Namen.